阿尔法城市

伦敦社会极化与城市空间

ROWLAND ATKINSON

[英] 罗兰·阿特金森　著

孙洁　译

巩奚若　校

南京大学出版社

Alpha City

First published by Verso 2020

© Rowland Atkinson 2020

Photos by Alan Silvester alansilvester.com

Simplified Chinese Edition Copyright © 2023 by NJUP

All rights reserved

江苏省版权局著作权合同登记　图字:10-2023-226 号

图书在版编目(CIP)数据

阿尔法城市：伦敦社会极化与城市空间／（英）罗兰·阿特金森（Rowland Atkinson）著；孙洁译. — 南京：南京大学出版社，2024.6

书名原文：Alpha City：How the Super-Rich Captured London

ISBN 978-7-305-27335-3

Ⅰ.①阿… Ⅱ.①罗… ②孙… Ⅲ.①城市社会学—伦敦 Ⅳ.①C912.81

中国国家版本馆 CIP 数据核字(2023)第 217568 号

出版发行　南京大学出版社

社　　址　南京市汉口路22号　邮　　编　210093

书　　名　**阿尔法城市——伦敦社会极化与城市空间**
　　　　　　A'ERFA CHENGSHI——LUNDUN SHEHUI JIHUA YU CHENGSHI KONGJIAN

著　　者　[英]罗兰·阿特金森

译　　者　孙　洁

责任编辑　刘静涵　　　　　　　编辑热线　025-83595840

照　　排　南京开卷文化传媒有限公司

印　　刷　南京爱德印刷有限公司

开　　本　787 mm×1092 mm　1/32　印张 10.75　字数 175 千

版　　次　2024 年 6 月第 1 版　2024 年 6 月第 1 次印刷

ISBN 978-7-305-27335-3

定　　价　68.00 元

网　　址：http://www.njupco.com

官方微博：http://weibo.com/njupco

微信服务号：njupress

销售咨询热线：(025)83594756

致　谢

　　这本书代表了我在过去四分之一世纪里对伦敦的研究兴趣和重要成果，包括对这座城市的中产阶层、中产阶层化、封闭式社区以及近年对富豪居民的研究。其中一部分工作是我个人完成的，大部分是和同事朋友一起完成的。这里展示的大部分研究都来自经济和社会研究委员会的两个公共资助研究项目——伦敦、香港的富人和阿尔法领域，其团队包括长期共同领导人罗杰·巴罗斯，研究人员大卫·罗兹、恒基豪和卢娜·格鲁兹堡，以及理查德·韦伯、蒂姆·巴特勒、卡洛林·诺斯和迈克·萨维奇。我要特别感谢理查德·韦伯在统计和文献整理方面的工作，在几次进入阿尔法领域的尝试中，他都扮演了一个可靠的探路者的角色——"阿尔法领域"这个词本身就是他创造的一个术语，用来描述城市精英地区，也是本书标题的灵感来源。通过艾伦·西尔维斯特（Alan Silvester）的一个摄影项目，我在鉴别和构建本书中出现的空间方面得到了帮助，他的作品也在书里展出。

我诚挚地感谢所有鞭策和质疑过这些工作的交流者和普遍支持者，特别是安德鲁·贝克、安德鲁·贝宾顿、萨拉·布兰迪、塔莉娅·布洛克兰、萨姆·伯古姆、斯蒂芬·格雷厄姆、凯蒂·希金斯、基思·雅各布斯、洛雷塔·李、雷克斯·麦肯齐、西蒙·马文、蒂姆·梅、安娜·明顿、艾玛·莫拉莱斯、西蒙·帕克、丹尼斯·罗杰斯、菲尔·斯坦沃思、马尔科姆·泰特和保罗·瓦特，尤其是艾玛·布朗一直以来的支持。感谢沃索出版社（Verso）的编辑利奥·霍利斯（Leo Hollis）无形的、无价的、耐心的努力。

译者序

罗兰·阿特金森（Rowland Atkinson）是英国谢菲尔德大学城市研究与规划系的教授，也是包容社会的研究主席（Research Chair in Inclusive Societies）。他从博士期间就开始关注英国伦敦的绅士化现象及其导致的家庭失所困境（household displacement from gentrification），并持续关注社会不公平如何驱动空间问题。他擅长用跨越社会学、地理学以及犯罪学的综合视角进行城市和住房研究，致力于发现隐藏在经济繁荣背后的社会公平正义问题。早在2011年，我刚作为硕士研究生参加导师朱喜钢教授主持的国家社会科学基金项目"封闭社区的社会效应研究"（11BSH058）时，便开始学习罗兰·阿特金森关于英国封闭社区（gated communities）的研究成果，那也是英国首个关于封闭社区的系统研究。迄今为止，罗兰·阿特金森完成了大量关于英国中产阶层和高收入家庭在塑造城市社会方面的角色分析、贫困人口住房困境以及社会排斥等出色研究。其中一部分成果我拜读过，甚至引用过，他也算是为我开启城市社会空间研究的启蒙者之一。

《阿尔法城市》这本书是罗兰·阿特金森2020年完成的，由著名的沃索出版社出版。2022年，当我在《国际城市规划》新书推介栏目中看到此书的介绍时，立即决定拜读。历史上，描写伦敦历史、宗教、自然、科技、文化、艺术等各方面的中外著作数不胜数。伦敦从17世纪末、18世纪初开始，随着工业革命和商业繁荣急速发展，作为大英帝国的首都，在政治、经济、文化、科技等领域取得了卓越成就，成为世界上最大的城市之一。的确，如罗兰·阿特金森所言："历史、文化和殖民因素的共同作用促成了伦敦近乎炼金术般的成功：它幸运地位于全球纵向时区的中点（格林尼治标准时间），在帝国扩张历史中创造了巨大财富，又在全球金融经济中占据了至少 30 年的主导地位。不管怎么衡量，伦敦都是一座富有的城市，而且一直如此。"《阿尔法城市》则描述了当下伦敦在金融危机后十年面临的突出矛盾：超级富豪崛起并占领这座城市。但是，社会支持越来越吝啬，社会极化越来越显著。

本书细致入微地观察了伦敦城市形态和功能的演变，包括房地产市场、城市高层建筑、滨水区、商业街、机场、地下空间、近海以及乡村地区因为资本投入而发生的剧变。本人有幸获得牛顿基金资助，于 2016 年 9 月赴英国拉夫堡大学地理系访学。其间我和同行师生游览了伦敦多处书中提到的"阿尔法地区"。当时，金碧辉煌、高墙耸立的建筑景观，街上行色匆匆的精英白领，露宿街头的穷人，住房、公共场所和公共资源的极致商业化，物理空间的隔离与排斥等，给我带来的视觉冲击至今难忘。与作者相同的主观认知是我决定翻译此书的原因之一。尽管这座伟大城市拥有近乎无限的魅力，如同塞缪尔·约翰逊所说："当一个人厌倦了伦敦，便是厌倦了生活。"（When a man is tired of London, he is tired of life.）但是，"没钱就活不下去"也是英国普通老百姓以及留学生对伦敦越来越深刻的感受。

"阿尔法"（Alpha）既表示团队中最开始的成员，也表示团队中最强大的成员。罗兰·阿特金森指出，伦敦作为"阿尔法领地"，其规模足以产生自己的"重力场"，从而吸引着全球大部分财富和最富有的人。并且，他在本书的致谢部分谦虚地指出，"阿尔法领域"是他的学术伙伴理查德·韦伯创造的一个术语，用来描述城市精英地区，也是本书标题的灵感来源。

本人认为，"阿尔法城市"名称与世界城市等级体系不无关系。1990 年代末，英国拉夫堡大学地理系创建了全球化与世界城市研究网络（Globalization and World Cities Research Network，GaWC），是全球最著名、最权威的城市评级机构之一。自 2000 年起，GaWC 每隔两年或四年发布一次《世界城市名册》，它基于全球 700 余个城市的近 200 家高级生产者服务公司，将城市分为 Alpha、Beta、Gamma、Sufficiency 四个等级，每个等级中又以"＋/－"加以区分，显示城市的全球化位置及融入程度。2016 年、2018 年、2020 年发布的名册里，伦敦和纽约始终名列全球城市的第一梯队（Alpha＋＋）。这意味着伦敦和纽约是世界城市网络的枢纽，也是关键节点城市。虽然罗兰·阿特金森在书中没有引述该排名，却屡屡提到相同观点，看来这无须赘述。

罗兰·阿特金森深入阐述了亲市场制度的形成背景，以及制度如何深深扎根于英国政治、经济和文化生活；分析了资本如何全方位占领城市并使之为资本服务，包括政治选举、移民制度、金融产业、房地产制度、城市规划、媒体言论等各个领域的利益捆绑、权力裹挟。他大胆揭示了过去城市研究极少触碰却绝不能忽视的关键领域，如跨国投资、监管、司法等机制如何为犯罪财富进入伦敦开辟秘密通道，城市如何容纳洗钱、腐败等各种邪恶的行为。罗兰·阿特金森对政治敏感议题点到为止，却让人欲罢不能。他批判伦敦已然成为一台创造财富、投资财富以及储存财富的机器，而公共城市正在加速死亡，社会底层不堪生存压力的重负，民生愈发艰难。这种深刻洞悉城市问题的分析视角和发现的新议题，是我决定翻译此书的原因之二。

归纳起来，罗兰·阿特金森的城市研究聚焦英国中产阶层、富人阶层乃至超级富豪阶层在伦敦大都市"衣食住行游"的地理空间，揭示为什么伦敦能够如此吸引全球富人，全球富人又是如何悄然占领伦敦，深刻反映金融危机后世界城市的政治、经济以及社会系统面临的愈演愈烈的社会公平正义危机。正如查尔斯·狄更斯的小说特别侧重描写在英国（伦敦）社会底层小人物的生活遭遇，从而深刻揭示当时英国复杂的社会现实。罗兰·阿特金森的研究体现了英国传统绅士阶层所秉持的反思和批判精神，他们追求社会正义，为弱势群体或"边缘人物"的处境发声。

近年来，香港、北京、上海位列全球一线城市 Alpha＋，台北、广州位列 Alpha，深圳位列 Alpha－，另外还有 13 个大城市位列全球二线城市（Beta）。可以说，中国正在经历从人类历史上最大规模的城镇化进程到实现更高品质城镇化的重大转变。英国皇家社会科学院院士、GaWC 发起人兼主任彼得·泰勒先生也认为，中国城市的整体连通性在不断提高，他对中国城市在未来的迅速崛起持乐观态度。但是，中国大城市习惯性对标世界城市的发展目标，习惯性学习世界城市的发展理念，阿尔法城市代表的西方社会极化危机非常需要我们警惕。当今世界正经历百年未有之大变局，多重机遇与挑战并存，以历史为鉴，以伦敦为鉴，是我决定翻译此书的原因之三，也是本书的价值所在。

　　中国共产党的二十大报告深刻阐述了中国式现代化的五个方面内涵，其中之一就是"全体人民共同富裕的现代化"，并将"实现全体人民共同富裕"作为中国式现代化的本质要求之一。习近平总书记指出："实现共同富裕的目标，首先要通过全国人民共同奋斗把'蛋糕'做大做好，然后通过合理的制度安排正确处理增长和分配关系，把'蛋糕'切好分好。"尽管当前中国一线大城市对发展的诉求越来越强，但是正确处理效率与公平的关系始终是实现高质量发展的关键。加大税收、社会保障、转移支付等的调节力度，加强困难群体住房、就业、医疗、教育的兜底帮扶等，更好解决发展不平衡不充分的问题，关乎促进社会公平正义，也是社会主义制度的优越性更充分体现的根本保障。

感谢罗兰·阿特金森和沃索出版社，许可我翻译此书，以及对翻译工作的大力支持和包容态度。感谢翻译过程中朱喜钢教授、杨舢副研究员、谷浩助理教授的指导和帮助，同时感谢王玥然和赵桐两位研究生帮助我完成大量细心的校核工作。感谢我的丈夫臧鹏，陪我观看了书中提到的多部英国电影，进一步加深了我们对阿尔法城市的理解和想象。

最后，本书受到江苏高校优势学科建设工程四期项目（南京大学城乡规划学）、国家自然科学基金项目（42101219）的资助，特此感谢！

孙　洁

目　录

引　言

　　在伦敦，一栋住宅正在翻修，一个水槽被扔了出来。如果不是因为这栋位于富人区的房子安装了一个触碰到新主人敏感神经的东西——一个从地板到天花板的价值 3 万英镑的实心意大利花岗岩，这只是一件毫不起眼的事情。这种尺寸意味着重新装修时只能打碎，而且必须扔掉。白花花的银子打水漂了，真是巨大的浪费。有时候甚至连新的和有用的装修仅仅是因为品味不符，就被新主人拆毁。类似的故事在伦敦这个越来越多世界超级富豪安家的城市层出不穷，他们中的一些甚至不打算在此生活。

在资本流动驱使下，新旧建筑都因地方建造和再造而遭到破坏；当然，这个过程也创造了城市的 GDP。这种资本循环在经济极度活跃情况下出现，巨额收益只落入极少数人的腰包。结果是富有的精英阶层拥有惊人的购买力，他们购买了多套房产，购买了球队报纸、媒体公司，甚至购买了选票。但要真正理解这种力量，我们需要准确定位发生这些现象的城市——伦敦，这座阿尔法城市，在许多方面都是富人的天选之地。

伦敦凭借其良好的住房、文化、历史、社会，以及金融中心和企业总部集群，在世界竞争中成为富人天然的栖息地。这座城市的地位或多或少是无与伦比的，因为它一心追求富人，为资本创造了无缝且开放的边界，却忽视了为它打工的普通人和穷人。在采取这一策略时，当权者的旗帜就牢牢地钉在被变幻莫测的全球资本之风推动的轮船桅杆上。伦敦就像一艘由廉价且灵活的劳工支撑的小船，向船外有需之处投掷供给。毫无疑问，要参与阿尔法城市活力满满的社交生活越来越依赖于支付能力。城市的经济、政治以及一般运作系统越来越为"钱"而运转，它已经遗忘了自己的使命，其未来愿景亦对民众困境漠不关心。

在过去的二十年里，少有城市会像伦敦那样剧变。投资活动从未停止且愈演愈烈：从酷都到酷不列颠(Cool Britannia)①，到奥运成就高峰，到时尚伦敦，再到如今，伦敦与富人的联系密切程度超乎一切，城市演变过程中的每个转变都呼应并整合了全球经济红利。砰砰作响的火车、刺鼻的柴油公交车以及持续的经济衰退，依然存在于1990年代的伦敦。城市东部长期贫困，而西部容纳了世代的富人以及大片的舒适郊区。许多被中产化驱动转型的伦敦东部地区，现已被创意阶层占领。在一个拥有舒适天际线的低层城市，数百座崭新高楼拔地而起，其中包括欧洲最高建筑，还有更多将要建成的高楼。伦敦曾经是一个倡导绅士精神的资本主义发源地，现在却不惜一切代价拥抱金钱，完全不顾社会

---

① 译者注："Cool Britannia"这一词组创造于1990年代中期，在1990年代末期风靡一时。这一用词和取代保守党夺得政权的工党的托尼·布莱尔首相政权及其政策有着密切的关系。在1970年代至1980年代的停滞和混乱的时代之后，英国迎来了一个经济繁荣的时期，这一词汇也表现了当时英国乐天的气氛。然而自进入2000年代以后，这一用语已经很少使用。

后果。或许最显而易见的是，如今尽人皆知世界各地的超级富豪均在伦敦现身。

追求金钱并且拥有巨资的富人渗透并重塑了伦敦的城市空间与文化，从物理上改变了旧街道，创造了整个新区，推高了房价，吸引了一波又一波的国际资本，炒高资产转手所产生的收益。好像只要英镑符号可以放在某件东西上，它就可以被卖掉。在国际资本和全球超级富豪迅速涌入、经济炙手可热的城市，城市治理面临的关键挑战是如何驾驭、驯服这股汹涌澎湃的资本力量。但每次新资本流入伦敦，政府唯一的关心是如何创造合适的条件让外资进入伦敦，从而进一步加速经济腾飞。

这些剧变和显著的积极效应掩盖了其负面影响——对当地社区的投资减少，房屋被拆除，穷人被驱逐，无家可归者增加，以及伴随这些变化对困难群体的同情心明显丧失，对困难群体的资助有条不紊地撤出。金融和房地产资金流入伦敦众多地区，给许多人带来了意外之财，城市管理者们再次确信，所有这些东西都会带来简单、不证自明的好处。然而，从今天来看，阿尔法城市的崛起似乎是建立在浮士德式契约的基础上的，这是一种零合约的契约，成功的话，资本和富人乘风破浪，代价是穷人被排斥。

伦敦是一个巨大的、几乎不为人知的机器，一个融合新旧精英、现代商人、巨型住宅和大型建筑的复杂城市机器。作为一个整体，这座城市连同其他几个全球城市，成为建立在资源开采和资本积累无尽循环基础上的全球经济关键节点。受益者是少数，而且得到的回报远远超出日常花费。这也意味着，在该系统中受益的人对有害后果不太关心。今天，我们知道，在一场被资本操纵的游戏中，系统的经济优先事项会产生赢家和输家，而这种游戏的目的便是将越来越多的红利输送给现有的赢家。

要了解城市所处的状况，我们必须了解国家、资本和城市之间的传统联盟。可以肯定的是，每个国家的地位、网络和利益都以复杂的方式重叠。然而，金钱的力量还在于它具有一种微妙的能力：拉拢和结盟那些为资本服务或为富人本身工作的人。这包括银行家和其他财富工作者，也包括政治家、地方议员、规划师、开发商、建筑商、房地产经纪人、奢侈品零售商、百货商店工人、司机、餐馆老板、艺术品商、葡萄酒商、古董商、拍卖师、银行职员、仆人、汽车经销商、裁缝、快递员，以及任何与富人生活有关的人。财富本身就成为一种城市产业。

要理解这种利益汇流，不能只看房价的每月涨跌，或是观察这座城市短期的发展走势。要明白这些浮言背后的实质，需要审视更深层次的经济结构、政治体系的本质及其利益冲突、联盟和分裂，房屋的存量，以及金钱和富人对城市的影响。豪宅价格暴跌不重要，因为富人已经占领了它们（除非你恰巧是房地产经纪人，或者是依靠房产销售获取税收的政府）。豪宅价格暴跌容易形成新的机会，使得现金充裕的国际买家借机以低价抬高资产。不过这也不重要，因为最终仍然是同类人掌握豪宅，是同样的资本逻辑在运作。对这些问题我们需要有更长远、更宏观的视野，要能够追踪正在为富人利益打造和再造这座城市的过程、制度和社会经济力量。

伦敦权力集团的成员是一个由网络、机构和精英组成的复杂混合体，他们的观点受到共同利益的影响。现在，他们正试图摆脱贵族式的义务和管理。无论是通过门禁和高墙后的住宅、在游艇或难以接近的海滩上的度假、避税或逃税计划上的投资，还是投资奢侈酒店——

总的来说，这是一场盛大的逃避，成功者和他们所掌控的现金进一步分离。了解这座被金钱重塑的城市发生了什么需要付出努力，但它带来的好处是洞悉如何基于公平、包容和社会正义原则去更好地设计和规划城市。

理解伦敦也是领会社会、经济和政治的运作，伦敦既是这些活动的产物，也是它们的创造者。但要真正了解伦敦，我们必须成为能够熟练地预测复杂的社会和经济力量的分析师，因为是这些力量最终塑造了伦敦的物质结构。城市不是自然存在的。诚然，它在不断演变，但它会根据政治家、建设者和规划者的设计，掌权者的竞争利益，现有的法律和法规，以及无权无势者对这些力量倒退结果的迁就而演变。过去，国家和统治阶级对维持、维护和保障城市的舒适感兴趣，他们建设娱乐公园、卫生工程、新的基础设施、公共住房和交通网络项目，以防止工人阶层之间的冲突、疾病和不和谐，同时也惠及了中上等阶层。如今的精英阶层似乎对这些社会契约或义务不感兴趣。伦敦显然已经成为穷人财富不断受到挤压的城市。

这本书描述了当下伦敦正面临的金融危机后的种种矛盾：社会支持越来越吝啬，超级富豪崛起并占领这座城市。这种命运的脱节是由不那么富裕的精英们通过在政治和企业领域不断努力所造成的。我们必须记住，削减公共开支的承诺是如何在阶级政治中形成的，而这种政治产生于一种旨在保护企业、政治和资本主义精英地位的机器。但今天的新情况或许是，即使是管理这一体系的人也意识到，体系可能已经达到了极限，它的不公正和过度行为太多太明显了。2019 年 7 月，政府决定否决在伦敦城建设"郁金香"观景台的规划许可——一个由巴西亿万富豪资助，由超级富豪建筑师设计，宣称具有"教育功能"的计划。这或许表明，这种没有任何真正社会效益且昂贵又累赘的项目至少会受到质疑。

在自由流动的全球资本轻松获胜以及通过房地产和金融业洗钱而来的数十亿现金流面前，社会需求黯然无光。而这种"阴影"正是为富人投资者建造大批高楼大厦所造成的。城市贫困人口的需求，特别是工人家庭的需求，似乎被强调服务业增长的统计数据进一步遮盖。备受资本和富人青睐的政治阶层常挂在嘴边的是：金融对经济和城市重建的贡献飙升；金融业必须持续增长，因为它对我们所有人都有好处！这种城市健康发展的印象，不过是他们热衷讲述的故事。

许多人可能会认为，本书的论点被夸大、不符合常理。人们可能会问，为什么流入城市的财富会对城市生命造成危害？质疑富人的贡献时，采取了一种多么幼稚、恃才傲物的立场？如果没有这些伟大的财富创造者，我们该怎么办？如果他们全部起身去他处怎么办？世人对富人的长期普遍看法是其活动和投资能让所有人都受益，但这种核心主张，这一套主导思想，如今却似乎越来越难以为继，而且被不断侵蚀。

根据乐施会（Oxfam）的年度调查，2018年，26个亿万富翁拥有的财富可以匹敌全球最贫穷人口半数的总财富，尽管26个人仅够填满新伦敦双层巴士三分之一多一点的座位。然而，这个产生如此荒诞结果的系统也有大量的捍卫者。当世界一头冲向无尽深渊时，无论是政治、生态、经济，还是社会的基本结构，仍在持续创造出附属的赢家，这些赢家则成为资本和资本主义的"啦啦队队长"。今天，人人都指出并谴责这种设想的空洞。高昂房价所形成的排斥性住房景观正在酝酿着与日俱增的愤怒，这是整个城市的集体情绪，其后果尚不可知。

一个为富人服务的城市对其他人来说意味着什么？它的影响和成本当然可以从社会角度来衡量：变化的、难以辨认的、疏远的城市景观；公共空间的私有化；通过城市媒体和政治传递的微妙信息和控制形式。但是，金钱的影响力、掌控力以及资本主义本身说明了什么呢？由它们创造出的一个看起来既繁荣又挣扎的城市，又说明了什么？这个系统的心脏跳动得似乎越来越快，面临过载或系统崩溃的危险。然而，如果另一场危机即将来临，受影响的却不会是自由流动的资本或富人。

2007年至2008年的全球金融危机标志着对富人新一轮放纵的开始，政府采取的措施包括减税、量化宽松、资产价格通胀和降低利率。从那时起，由于危机的影响，房地产市场出现长期繁荣，促使富人将资金投入那些在不稳定的世界中看上去安全的城市。如今的阿尔法城市更像是一个供金钱和有钱人居住的地方，而不是供普通人生活的地方，这后果十分严重。最重要的后果也许在于，我们已经忘记城市是为谁而建，它本应该作为人们生活和成长的地方，城市经济要为市民需求服务，而不应该成为富豪牟利的魔幻乐园。

1 资本之城

　　伦敦是一个世界城市，是少数几个指挥和控制世界经济的城市之一。事实上，作为一个世界性城市，在愈发围绕金融而转的全球经济中，伦敦创造且接收了巨额财富。简而言之，伦敦是阿尔法之城。

　　相比那些在全球等级体系中排名较低的城市，阿尔法城市嚣张跋扈，狂妄且粗鲁。它就像在会议上装腔作势的人，抢着要保持自己的卓越地位，成为令万众敬仰的对象。权利话语也由此而生。你可以在伦敦导览册上找到陈列这座城市中万里挑一的优质豪宅和豪华高层公寓的街区。在遍布伦敦西区及周边众多独特的宫殿式住宅中，只有海德公园一号（One Hyde Park）、肯辛顿路1号、梅菲尔77号、克拉吉斯·梅菲尔公寓或大使馆花园才算得上是独一无二的。就像珍稀艺术品市场或葡萄酒市场一样，这里也处处散发着独特、奢华和高品味的吸引力。

这座城市越来越为"钱"而建，而非为"人"而建。正是在这里，资本、资本主义和资本主义精英汇聚一堂。这股联合力量撕毁了这座城市作为人民城市的使命宣言。如今，伦敦或许比以往任何时候都更像

海德公园一号

一个富人游乐场，抑或像是一个在政客和金融机构精心照料下的培育资本的温室。

本书认为，尽管不断增长的个人财富创造了城市的奇观和美丽，但这种装饰分散了人们的注意力，使人们无暇顾及财富对大都市生活产生的恶劣影响。除了豪宅的外墙、烟色玻璃的夜总会入口和舒适的私人俱乐部之外，还有一座正在被掏空的城市。

对富人来说，伦敦比其他任何城市都更像暴风雨中的灯塔，这里是一个在动荡不安的世界中可以停泊的豪华港口。伦敦是全球富人、政客和社会精英的首选居住地。超级富豪群体分布在伦敦都市区特定的豪宅社区、舒适的郊区以及小型卫星城中，他们感受不到伦敦贫富极化和社会压力带来的困扰。许多超级富豪来到伦敦居住、投资或藏身。这座城市丰富的豪宅和安静的街区为他们提供了安全的空间，免受难看的贫困或任何城市不愉快事物的侵扰。

无论以财富、国内生产总值、文化设施供应还是宜居性来衡量，伦敦都可以自信地宣称自己是"阿尔法城市"。它的光彩夺目只会让其他城市黯然失色。那些

"老古董"如当权派、校友关系网和私人绅士俱乐部已经被重新改造和调整，以适应由一群拥有新旧财富、政治权力和企业权力、个人财富或世代相传家族财富的人物混合而成的新权贵阶层。国际富豪来到伦敦寻找优质资产进行买卖，他们利用汇率优势变相地打折购买房屋，可能是为了逃避本国政府带来的不安全感或危险，也可能是为了通过伦敦的房地产交易大肆洗钱，甚至有些人可能真的是为了来伦敦生活。

即使与另外两个"世界"城市纽约和东京相比，伦敦也是富人占比最多的。它是世界金融市场的中心，也是精英文化中心，拥有令人羡慕的开阔街景、大片绿地、良好的治安，并且政府干预程度较低。在所谓的世界城市体系中，伦敦是最辉煌的天体。但是我们应该记住，即使是恒星也会死亡。

"Alpha"既表示团队中最开始的成员，也表示团队中最强大的成员。伦敦作为"阿尔法领地"，其规模足以产生自己的重力场，吸引着全球大部分财富和最富有的人。但是，借用雪莱的说法，它也是一台社会离心机，越来越多因其运转而利益受损的人或无家可归的人——穷人和不受欢迎的人被甩了出去。所有这一切实际上都在由政治精英、政府官员和金融机构操作的利益体系下运作。这群人捍卫市场和不断加剧的不平等，在民生艰难时期仍向富人献殷勤。

所有这一切都提出了一个问题：当富人正喝着8000英镑的"黄金"鸡尾酒，而大片公共住房被拆除、低收入租户被驱逐到城市角落时，我们应该如何理解这座城市以及它代表的意义？这种令人不安的比较可能会被辩解为城市客观存在的多种巨大反差的案例之一。实际上，所有的排斥和贫困都被涌动的资本暗流、政治意识形态和社会网络驱动着，与富人的财富、地位深深联系在一起。尽管肉眼看不见，但潜在的力量推动着富人获取巨大收益，诱惑和收编那些依赖富人消费的人群进一步编织排斥低收入群体的计划。从某种意义上说，伦敦可以共享，但它的奖励和红利肯定不能共享。

伦敦作为资本中心地带的立场每天都在报纸上揭晓，不论报道的是关于摄政街上超级跑车造成的交通堵塞，还是留给富人的数百栋河滨高层公寓，或是足球队寡头之间的交易，某政党的政治家、媒体大亨和艺术家狼狈为奸，这些故事都很相似。但我们该如何理解发生了什么，谁从中受益，以及阿尔法之城受到了什么影响呢？

　　本书想要展示的是，对资本日益增加的投入正为这座城市带来严重的、破坏性的后果。至关重要的是，我们必须把握全球经济创造的大规模财富在多大程度上对城市日常生活产生了真切影响。资本主义为小部分人重新改造这座城市的运转，这些变化为富人带来更多的好处，却让更多人陷入了困境。无论结果是一场新的危机

"后街男孩"飙车党

还是复苏的繁荣，最富有的人都会持续收获巨额回报，同时捍卫这座城市的"最佳"运作模式。

鉴于金钱的庞大力量，我们很难低估富人影响和他们重塑周围世界的能力。然而，金钱还能以更微妙和更有力的方式诱捕和殖民所有受益者的思想和价值观，这些受益者包括政治家、开发商、规划师、公司律师和金融家，还有室内装饰师、俱乐部和餐厅老板、房地产经纪人、酒店老板以及个人服务提供者，等等。这就是所谓的货币的意识形态功能：它赋予人们购买力，但更深层次的影响在于它能迫使人的心灵和思想被市场和资本的需求支配。

金钱是一种力量，它塑造了人的思维方式和理解周围世界何以运作的心智模型。当今天的全球财富调查显示经济复苏的迹象以及折线急剧上升的图表时，人们很容易忘记，2008年的金融危机曾被认为对资本主义制度的存在合理性构成了致命的威胁。现实结果却恰恰相反，这种威胁通过公共财政削减和紧缩计划转向了弱势群体。财富和权力所带来的傲慢对于那些被迫忍受政府提供的公共服务与空间萎缩的穷人来说，是一种特别的侮辱。

尽管错综复杂，但富人和权贵给伦敦带来的诸多变化却相当明显。在这本书中我们将看到伦敦的城市形态和功能现已被大豪宅、摩天大楼和大型工程改变，而富人对奢侈品和个人安全的需求也改变了城市的外观和气质——他们的家园变得坚固，街道脱离城市的公共领域。这个超级富豪的聚集地，这个巨大的财富温床，为全球经济极其不公平的回报制度赋予了显而易见的表面合法性，也产生了随之而来的这种只为极少数人服务的城市。正如我们已经看清的，阿尔法城市的标志与其说是一种荣誉徽章，不如说是一种备受关注的担忧。下面让我们开始更深入地探究。

*

世界"顶级"城市之所以能取得这样的成就，与其说是努力工作的结果，不如说是历史和区位优势的巧合。尽管人们把神话寄托在努力、创业才华、战略知识和其他各种无与伦比的品质上，但事实是，所谓世界顶级城市的许多独有特征其实也存在于其他城市。然而，历史、文化和殖民地因素的交织无疑促成了伦敦近乎炼金术般的成功。这些因素包括伦敦幸运地位于全球纵向时区的中点（格林尼治标准时间），在帝国扩张历史中创造了巨大财富。最近，伦敦又在全球金融经济中占据了至少30年的主导地位，与东京和纽约并驾齐驱。

伦敦是个人财富的巨大"蜜罐"，据估计，2017年伦敦居民持有约2.7万亿美元的个人财富①。这一数字还不包括伦敦较富裕的城市腹地，这些地区长期以来一直是富裕的郡县，是"城市"居民生活的地方，他们希望生活在首都金融业能辐射到的地方。如今，这样的通勤地点也吸引了极其富有的国际买家。温莎、阿斯科特、弗吉尼亚沃特、莱瑟黑德、韦布里奇、亨利、马洛、布雷等小镇，形成了一个历史悠久的富豪岛屿结构。像伦敦的许多地方一样，这些地区的富人也位列全球新晋富人榜。

长期以来，人们一直认为伦敦和伦敦东南地区实际上是另一个国家，最近的分析表明，它们与英国其他地区的分离甚至更加明显②。这种转变的标志是一个看似不太可能的事实：现在埃尔姆布里奇（Elmbridge）——伦敦西部一个非常富裕、容纳13万人口的小镇，其房屋

---

① 凯捷（Capgemini），《2017年世界财富报告》（*World Wealth Report 2017*）。
② 据估计，2013年整个伦敦和东南部的房地产市场价值2万亿英镑。皮克福德和哈蒙德，《金融时报》，2013年2月1日。

总价值超过了格拉斯哥市[①]。同样难以置信的是，伦敦房地产财富排名前十的行政区现在房地产的价值超过了北威尔士、北爱尔兰和整个苏格兰的总和。这些地区由房产财富组成的"富矿"以及富人本身的存在[②]，对于迫切想分一杯羹的全球富人来说颇具吸引力。

不管怎么衡量，伦敦都是一座富有的城市，而且一直如此。但是，争议在于它的财富在多大程度上真正为整个国家的财富做出贡献。[③] 这些财富中很大一部分来源于房地产所有权以及可以再增值的投资组合——这正是真正的资产阶级的定义。2015 年《世界财富报告》杂志揭示了伦敦财富分配格局：大约二十分之一的伦敦人是"高净值个人"（拥有百万美元或约 66 万英镑非房产资产的富翁），占全国该群体（84 万人）人数的近一半（44%）。

许多伦敦的富人并不认为自己特别富裕，因为在这

① 吉姆·奥尼尔（J. O'Neill），《伦敦团结了世界，但分裂了英国》（"London Unites the Wold But Split the UK"），《金融时代周刊》，2013年 2 月 8 日。

② 丹尼·多林（D. Dorling），《不平等高峰》（Peak Inequality），政策出版社，2018 年。

③ 尼古拉斯·萨克斯森（N. Shaxson），《金融诅咒》（The Finance Curse），博德利·海德，2018 年。

个城市，一套连排房屋平均价格不到 50 万英镑[1]。然而，这座城市拥有 43.1 万个房地产百万富翁，也就是大约每 20 个人里就有一个住在价值百万英镑以上的房产中。模特麦莉妮·克拉斯（Myleene Klass）曾说，200 万英镑买不了一个车库（200 万英镑在当时被认为是年度财产税的基础）。但很多人可能会认为，要么她口中的停车标准特别高，要么对房屋的要求与普通伦敦人相比有些脱节。

截至 2018 年，全球约 1810 万位超级富豪的财富总值超过了 70 万亿美元[2]，可谓巨额财富掌握在全球极少数人手里。2008 年，也就是紧缩的十年开始的时候，这个群体只有 1100 万人[3]，这说明紧缩计划对普罗大众造成如此沉重的打击，却继续让富人变得更富。事实上，正如许多人所说，紧缩计划同一个旨在保护和扩大财富的政治经济机器联系了起来。全球富人的财富规模之大，足以将第三世界 2.4 万亿美元待偿还债务清偿 25

---

[1]　半独立式 581000 英镑，连排式 495000 英镑，公寓式 421000 英镑（英国土地注册处数据，2018 年 5 月英国房价指数）。

[2]　凯捷，《2018 年世界财富报告》（*World Wealth Report 2018*）。

[3]　同[2]。

次①，剩下的还能消除美国和英国的预算赤字②，然后或许还能够在苏富比拍卖行（Sotheby）上竞拍好几箱十九世纪的波尔多葡萄酒。

如果伦敦有近 50 万名百万富翁，那么谁才是这里真正的财富精英呢？在 880 万城市总人口中约有 8.8 万人，他们大约是这座城市持有财富（而非收入）最多的 1%。但这个衡量标准掩盖了富人内部也存在巨大的财富差异——最顶端的超级富豪要比其他人富裕得多。伦敦人拥有的财富可能是他们在英国创造的，也可能是世代相传下来的。但其中很多人曾被称为暴发户，因为他们拥有的财富不是继承来的。一部分顶级富豪凭借区域和全球的经济、社会动荡而发家。这种不稳定导致了国家领导层、企业所有权以及财富分配机制的变化，从而产生了新的引人注目的财富集群，特别是苏联向资本主义转型以及拉美金融和经济自由化的过程创造了一批顶级富豪。除此之外，还有贩卖能源的海湾国家富人，以及东

① 世界银行国际债务统计，2017 年。
② 分别是 6660 亿美元（OMB/美国财政部）和 520 亿英镑（英国财政部）。

亚和非洲的新富阶层。

尽管亿万富翁们不可避免地被关注，但实际上他们只是冰山一角。如果我们想了解富人以及他们对城市的影响，就需要进一步探究。为了全面了解伦敦如何服务于富人和资本，不仅要关注各个阶层和类别的超级富豪，还必须关注那些追求、支持、赞美和维护他们的人。在各种不同的富豪榜上，超级富豪们通常被划分为三个等级：第一，高净值人士（HNWIs），拥有 100 万到 500 万美元的可投资财富，凯捷聪明地将其描述为"隔壁的百万富翁"；第二，被称为"中层百万富翁"的人，通常拥有 500 万到 3000 万美元可投资财富；第三，超高净值人士（UHNWIS）拥有 3000 万美元及以上的可投资财富。伦敦约有 35.3 万名高净值人士和 4944 名超高净值人士[①]，后者仅占伦敦人口的 0.05％（即伦敦每 1785 人中仅有一人）。在被归类为千万富翁（即拥有 660 万英镑及以上的人）的

---

① 据报道，2015 年伦敦有 4364 名超高净值人士〔莱坊（Knight Frank），《2015 年财富报告》（*The Wealth Reoport 2015*）〕，而纽约有 3008 人，东京有 3575 人。这些估计确实各不相同，在 Wealth-X 的《2017 年世界超级财富报告》（*World Ultra Wealth Report 2017*）中，伦敦的超高净值人士人数为 3630 人。

人群中，有1.2万人在伦敦[1]。许多高薪酬公司的董事（收入中位数为390万英镑[2]）以及富有的政界人士（比如杰里米·亨特，他以3000万英镑卖掉自己的公司Hotcourses[3]），与伦敦顶级富人相比仍相形见绌。

全球约有22%的超级富豪（这里的超高净值人士UHNWIs指的是年收入在5000万美元以上的人）生活在欧洲，大多数居住在美国（51%）和亚太地区。在英国可以找到大约100位亿万富翁，他们的财富总值为2530亿美元；根据《星期日泰晤士报》的富豪榜，其中95人居住在伦敦，比世界上其他任何城市都多。伦敦的富人大多位于梅菲尔（Mayfair）、贝尔格莱维亚（Belgravia）和骑士桥（Knightsbridge）等中心区（超高端房地产市场的核心地段），以及伦敦北郊和西郊[4]。过去十年，伦敦

---

[1] 纽约有39.3万人，但从人口规模来看，伦敦的人口比例更高。新世界财富（New World Wealth），《2018年全球财富移民评论》（*Global Wealth Migration Review 2018*），伦敦。

[2] 《卫报》，2018年8月15日。

[3] 瑞信（Credit Suisse），《2017年全球财富报告》（*Global Wealth Report 2017*）。

[4] Wealth-X，《2018年全球亿万富翁普查》（*Global Billionaire Census 2018*）。

也越来越受全球富人的欢迎：2018 年寻求"黄金签证"的高净值人士人数达到过去十年来的最高水平，超过11.4 万人，他们希望通过在英国投资获得国籍。

富人不是孤岛，即使他们生活在这座孤岛上——财富从来都不是简单地自己创造出来的，也不能使富人自给自足。他们依赖于一系列定制服务、顾问和机构，依赖于围绕他们进行公共规划、设计和管理的城市。富人需要房地产买家和中介来帮忙找到合适的住宅，需要家族办公室来管理账户和个人事务，需要生活经理们帮他们寻找门票、联系人或参加重要活动的机会，还需要众多的金融服务供应商提供建议和产品。所有这一切都可以被看作一个生命维持系统，牢牢地扎根在阿尔法城市，没有它们，富人很快就会像一艘搁浅的豪华游艇一样陷入困境。

富人的生活方式和服务需求创造了一种独特的地理环境，这在很大程度上是由他们寻求最大优势区位的房屋所驱动的（无论是第一、第二、第三还是第五居所）。富人对房屋地点的选择，取决于与工作场所（如果他们还要继续工作）、金融服务供应商、私立学校（如肯辛顿的法国学校或城市西部的美国学校），以及休闲和文化基础设施的邻近程度。伦敦的社区和家庭生活除了可以为访客提供额外房间，还有 75 家五星级酒店（伦敦拥有的最多，纽约有 59 家，迪拜有 61 家）和 70 家米其林星级餐厅。伦敦还有 25 家豪华品牌汽车经销商；在休闲娱乐方面，歌剧院、剧院和公共艺术画廊也是必不可少的（其中萨奇和新港街两处是最近用私人资金修建的，另外四个则是获富人捐资而扩建或增建的）。伦敦有来自26 个国家的 250 多家银行，其中许多银行为富人提供定制服务，甚至在许多大型银行中还有所谓的家族办公室，专门负责打理顶级富人的金融事务。在教育方面，伦敦拥有 4 所世界排名前 40 的大学（纽约有 3 所）[①]。

伦敦的巨变是由富人一手制造的，他们的投资见诸城市许多新建筑，这些建筑可能是战后伦敦最引人注目的产物。新住宅开发和改造后的城市天际线，以钢铁和玻璃的坚固形式折射了资本流动，同时也反映了富人自身不断增长的财富。特别是众多大体量的高层建筑重塑了城市氛围，为城市加上了金钱的光环，象征着资本

①　2019 年世界大学排名。

对城市的收购。崭新的建筑环境让我们得以一窥更深层次的经济和政治力量如何重塑这座城市，创造新的受益群体，改变伦敦的外观、感觉和功能，每个在伦敦生活、工作或参观的人都能感受到变化。

如同其他欧洲城市，伦敦历史上一直以低层建筑为特色，因此想要最直观地欣赏伦敦变化的尺度，可以关注这座城市新的高层天际线，它给这座城市的建筑结构带来了巨大改变。对于许多人来说，高层建筑仍然是陌生景观——伦敦摩天大楼（100 米以上的建筑）的平均年纪只有 14 岁[1]。即使是在 1950 年，纽约也已经有了140 座这样的建筑，芝加哥有 29 座。高层建筑象征着技术以及美国的经济发展，而这本身就是 20 世纪城市生活意义的缩影。伦敦直到 1960 年才看到高于圣保罗大教堂（111 米）的建筑——米尔班克塔，它建于 1963年，后获得时任伦敦市长的鲍里斯·约翰逊（Boris Johnson）批准的规划许可，被亿万富翁打造成五星级酒店和豪华公寓，却没有被要求提供任何保障性住房。

---

[1] 摩天大楼中心，2019 年的数据。

伦敦第一幢超过 150 米的摩天大楼是国民西敏大厦（NatWest Tower），在 1986 年"大爆炸"放松管制和扩建之前建于伦敦金融城。事实上，从 1960 到 2008 年，伦敦总共只建造了 33 座高于 100 米的建筑，相当于每年建造一座摩天大楼。

年摩天大楼让我们对伦敦的经济变化及其与房地产的联系有了一些了解。仅仅在过去的十年（2008 到 2018 的阿尔法之年），又有 44 座摩天大楼建成。伦敦可以说是一个起步较晚的城市，但我们很快就会看到，更多的发展还在后头。伦敦引人注目的新天际线在有些人看来是一种崭新的自信，是全球性城市的标志，但是摩天大楼疯狂的扩张破坏了伦敦曾经独特而受人喜爱的城市特色。

*

伦敦的地理中心并不在白金汉宫（Buckingham Palace）或国会大厦（Houses of Parliament）——这两处建筑分别象征着伦敦的帝王权力和民主权力。伦敦中心的标志是查令十字车站前的最后一位绝对君主查理一世的骑马雕像，距离特拉法加广场大约 100 码。如果要寻找伦敦的政治中心，可以看看威斯敏斯特（Westminster），它是议会所在地，各种部委聚集在白厅（Whitehall）和唐宁街 10 号（10 Downing Street）。还有外形如同软体动物的市政厅，它由一位超级富有的建筑师设计。自 2000 年以来，这里一直是市长的办公地，是 32 个地方政府部门规划和管理首都的地方。这些地方象征着城市调节和管理的民主源泉，但它们是当下的权力中心吗？或者我们是否应该从其他地方理解现代首都如何运作？

为了理解政治和民主制度与资本利益的关联方式，我们或许可以从对冲基金的办公室开始寻找。这些对冲基金位于梅菲尔的商人旧居、伦敦金融城，或许还有英格兰银行。然而，对这座城市的经济、社会或政治权力基础的探索，注定会查无尽头，因为权力是比任何特定建筑或机构更难以捉摸且更深层次的东西。随着城市的变迁，随着新机构、富人以及将这些地点和主要参与者联系在一起的人不断涌现，我们在探索伦敦中心时，必须认识到法律、运动和资本利益以及它所生产出的少数赢家所带来的力量。在这里，我们可能会想起建于 1966 年的中心点大厦（Center Point Tower），它是城市中心的标志，曾在很长一段时间内是住房危机的象征，而现在，随着它被改建成超级奢华公寓，阿尔法城市又重新崛起了。

要寻找令财富与富人同呼吸的城市心脏，可以看看像碎片大厦（Shard）这样的关键建筑，它们与市政厅近在咫尺，象征着塑造这座城市的关键力量。这座 95 层、高约 1000 英尺的建筑由卡塔尔主权财富基金投资建设，集写字楼、酒店和住宅于一体（其中多数房间在完工后数年仍空置）。和伦敦市中心许多建筑一样，它也是由新国际财富为寻求发展空间而建造的。

坎迪兄弟（Candy Brothers）的海德公园一号开发项目（由理查德·罗杰斯〔Richard Rogers〕设计）也获得了类似的资金支持，该项目俯瞰着骑士桥的哈维·尼科斯（Harvey Nichols）百货商店。这类建筑是资本对当代城市影响力的例证，极少为公众做什么贡献或提供满足社会生活的新空间，除了在芬丘奇街 20 号对讲机大楼的天空花园——这是从开发商手中夺取的公共空间，因为关于城市景观的第 11 条法令规定，如果开发项目提供公共空间，将会获得更大的建筑开发量（实质是为了增加建筑面积）。

　　如今，想要取代查理一世雕像成为城市中心的竞争者可能是矗立在海德公园一号顶级豪宅旁的那座雕像。沿着树冠遮挡的道路走到这座建筑的一侧，就会发现雅各布·爱泼斯坦（Jacob Epstein）的作品《绿色奔涌》（*The Rush of Green*）中的五个奇怪人物的雕像。这幅作品完成于 1959 年，表达的是一种似乎不太可能出现的现象：在未来，现金如潮水般涌入一个经济和人口都在衰退的城市。五个雕像站在那里，一位母亲、一位父亲、一个孩子和一条狗，正在试图逃脱追逐他们的潘神。不妨带点诗意地说，他们是在逃离海德公园一号新公寓里的空虚。然而，从他们住进公寓开始，现金和黄金的洪流就像圣经中的洪水一样泛滥，让人无处可逃。

　　如果继续沿着附近的公园巷（Park Lane）走，可能会看到一辆低装载的卡车正在把保时捷豪车送到梅菲尔区为数不多的几家豪华经销商处，那里年轻的男员工会把车送到等候的客户那里。在附近的梅菲尔区坐上一会儿，你很可能会看到打扮得体的女士们从美容院出来，与之完美同步的是她们的专职司机驾驶着汽车到达。即便囊中羞涩，你依然可以走进这里世界著名的酒店，例如多切斯特（Dorchester）、克拉里奇（Claridge's，适合老派人士）、朱美拉卡尔顿（Jumeirah Carlton，适合阿拉伯人）或宝格丽（Bulgari，适合财力雄厚者），买杯咖啡，默默窥见这个世界的一角。宝格丽酒店的大堂挂着一张旧照片，照片里是一名皮革匠与一位在迷人而衰败的意大利旧城中心散步的时尚漫步者。这些画面呈现的是富人向往的世外桃源——古雅、充满乡土气息，虽然那些早已被资本力量摧毁。但是现实是，这里无与伦比的奢华，是建立在对周围土地及生活方式的破坏之上的。

　　骑士桥是全球投资者目光聚焦的地方。街道整体效果是去繁从简，哈罗德（Harrods）百货商场外面的交叉路口与其说是昔日帝国的心脏，不如说是资本流入城市的中心通道，这与商场内的奢华和平静形成了鲜明对比。这里除了效忠于金钱，不受任何社会义务或地域关系的束缚。如果你从中国、中东地区国家或俄罗斯而来，不知道伦敦哪里最适合居住，那么可以来这些地方坐坐，因为距离哈罗德和哈维·尼科斯百货商场的大型储藏室和更衣室只有一步之遥的地方，就是拥有众多私人服务供应商、餐厅、俱乐部的舒适社区。

哈罗德百货商场

走过肯辛顿去往切尔西的几条小巷，可以看到复杂的设备、输送机皮带和无比嘈杂的手提钻正在打造地下的"蜂窝城市"，这引起伦敦真正的居民和监护人——老牌富人的巨大愤恨。如果这个区域是城市心脏，它更像是让富人的身体和钞票休息的设备，而不是一个有活力、有呼吸的社会空间。

*

城市是全球市场经济和资本主义世界积累体系的关键组成部分，它们是创造、加工和储存财富的中心，更是从其他地方攫取价值进行流通和再投资的地方。这就是为什么作为伦敦金融中心的伦敦金融城，对伦敦的成功如此重要。拥有重要金融部门的城市是世界经济的核心，随着金融工具和投资的激增，社会、经济和政治生活等越来越多方面受到金融经济的支配，世界经济本身也日益金融化。

资本流入伦敦金融城和伦敦房地产业的强度，很大程度上反映了该体系的运作以及周围世界的状况。它还说明了某些城市中心成为财富的主要集散地，成为富人及其投资的汇集点的能力。这些城市是有黏性的地方，它们通过文化、建筑、历史和社会等方面的特质，吸引商业并保持经济优势。经济理论可能会表明，伦敦金融城的职能在诺森伯兰郡的土地上或在大西洋中央建造的大型钻井平台上可以实现得同样好。但现实中，富人之所以选择在伦敦、纽约或东京等特定地方居住和投资，原因在于他们需要经济网络以及从社会关系、传统文化、舒适的街道和住宅区形成的氛围中获得的满足感。

经济和城市并不是按照总体规划运行的。伦敦是由政治、商业及其掌管者们，或组织内部，或彼此之间的，一系列高度复杂的互动组成的。市场的魔力在于，即使没有某种中央分配系统，城市作为一个整体也能毫不费力地将商品和服务提供给企业和消费者。在现实中，市场体系也深度嵌入了政治进程，尽管与社会和公民生活密切相关的市场理应由政府出面，与主要经济参与者和机构进行协同监督和管理，但是这些政治进程却使经济运行炼金术般地脱离了社会和公民生活。市场的力量既体现在意识形态上，也体现在经济上——市场被描述为开放、不受约束和高效的资源配置场所，仍是许多政界和商界人士深信不疑的原则。然而，所谓有益的市场制度却显然与日渐加剧的不平等难脱干系，甚至与那些被誉为财富创造者的特定群体的暴富也密切相关。

几十年来，市场的吸引力已经诱使政治思维形式同商业和金融的需求保持一致。当亲市场体系的背景假设深深扎根于政治和经济生活，却损害了社会需求和功能时，情况就变得麻烦起来。简而言之，市场是第一位的，社会必需品如住房、教育以及健康等就成了系统之外的次要问题，它们不再被认为是公民需求至上的体系中的一部分。市场优先原则已经如此根深蒂固，以至于支撑资本主义运作系统的工作人员——政府部长、地方当局、规划部门、商会、商业领袖和金融家们都开始"一个鼻孔出气"。

在金融危机之后，以市场优先为基础的经济模式和思想仍占主导地位，但人们忽视了经济生活本身的根本诉求——满足人类的需求。这种片面的思维方式在很大程度上与市场为政治大亨、金融体系掌舵人以及房地产交易商带来巨额暴利的能力有关。这些观念的危险之处在于，它们使少数人的财富大幅增长，而对整个城市的居民却裨益甚微。

把这些利益、系统、思想和网络的工作模式付诸实践并不需要什么阴谋。我们可以将这些过程的影响称为"城市占领"。这个概念或许可以帮助我们思考全球许多城市正在发生什么，那些城市渴望吸引富人的金钱并从中受益，当地的精英们正张开双臂，敞开怀抱满足资本的需求。财阀一词的字面意思是"金钱权力"，通常是指富人的政府，或者说政府本身就是按照富人的想法和指令运作的。在伦敦这样一个富豪云集的城市，当地的政客、建筑商、装修商、管家和房地产经纪人等许多群体成为"城市占领"过程的调解人和推动者。在此过程中，富人本身似乎拥有巨大的权力。

这种权力不仅存在于富豪们直接游说政府和政客的公开行动中，在更深层次上，富豪的利益也和城市的兴衰互相交织、盘根错节。这使得"金钱权力"作为一种施加某种力量的能力，比传统意义上的权力精英或当权派的概念所表达得更为分散和复杂。拥有成千上万的全球富豪，本身就是一个巨大的商机。政治成为这笔生意的核心。同样，城市的社会使命宣言也发生了微妙的调整，例如，随着投资力度的增加，城市将实现所有"未充分利用"资产的价值（住房协会出售房屋，地方政府出售运动场、养老院、房产，等等）。

伦敦当代的权力集团由许多关键人物组成，但他们几乎只是行使权力的附带条件。他们所扮演的角色和所掌握的资源才是权力的源泉。然而，传统的权力结构已经发生了变化，这种变化与其说是人员更替，不如说是基本运作系统的重新配置。旧的政治和经济秩序并没有消失，但其结构已经被重新编织，以纳入富人以及代表富人行动、游说和建设的代理人。

因此，这个城市的权力集团是权力、资金流和财富的复杂混合体。这并不是说个人和机构之间会形成某种完全整合、连贯的网络。财富不仅仅是小圈子或精英阶层的东西，它还包括人们当下认同的一种理念或一套价值观。这些价值观通过新古典主义经济学的培训得以传播，并得到金融新闻和政客话语的支持。而那些政客本身往往就是王朝财富或新财富的受益者，更不用说那些渴望成为富人的人了。于是，最终城市被金钱以及为利益服务的人所占领。

占领城市的过程与其说涉及冲突和战略利益，不如说是一种自愿接受资本和资本扩张的统治逻辑的过程。[①] 赚大钱被认为是一个积极的信号，谁能够吸引更多的资金和外来的投资者，谁就能得到好东西。这意味着有钱人可以殖民城市并从中获利，主宰整座城市及其各种资源。比如说，城市规划部门认定私人开发商对地区重建至关重要，于是导致急需的公共住房被拆除。如果没有产生一定程度的地方抗议和巨大的社会痛苦，这种"城市占领"会在没有经历战争或流血的情况下实现。

市场逻辑占据掌权者思想的程度是"认知捕获"的一个重要体现方面——市场的重要性和对金融机构的高度重视等关键的经济思想和原则对政府带来的影响。[②] 在当前背景下，这意味着政治机构坚信金融资本是经济活力的核心，从而支持任何金融需求以换取繁荣。这些

---

① 约翰·韦斯特加德（J. Westergaard）和亨丽埃塔·雷斯勒（H. Resler），《资本主义社会中的阶级》（*Class in a Capitalist Society*），企鹅出版社，1975年，第42页。

② 威廉·比特（W. Buiter），《全球金融危机的启示》（*Lessons from the Global Financial Grisis*），讨论文件635，伦敦经济学院，2009年。

观点是如此根深蒂固，以至于从未被质疑。可以说，华尔街和伦敦金融城的力量不仅在于其日常商业活动，更在于它们有能力让"金融令众人皆受益"的观念持续深入人心。

这些影响和过程不时地体现在政治家的言论中，他们热衷于表明自己与资本及其主要受益者——富人的利益并不对立。无论是彼得·曼德尔森（Peter Mandelson）对富人"极度宽松"的态度，还是曾任伦敦市长、英国首相的鲍里斯·约翰逊称赞富人为"纳税英雄"，这种开放和友好的环境赋予了富人巨大的权力。然而，在现实生活中，富人的影响以一种模糊的方式发挥着魔力。亿万富翁和超高净值人士通常不会直接向政党提出要求，不过，这不代表富人和国际财富机构在政治资助和游说方面不起作用。更多的情况是，为自己的城镇或城市寻求投资的政客们通过猜测超级富豪的议程来配合资本的需要，因为从本质上讲，他们把富人需求与自身需求绑在了一起。

当然，财阀有时确实会通过巨额贿赂或"烧钱"且艰苦的游说进行运作（例如，对冲基金经理和富豪对选举政治做出的影响），但是在城市层面，即使最终结果在我们身边随处可见，过程却变得更加不透明和复杂。其中包括一些需要大笔投资的项目方案，例如尚未建成的花园桥项目；开发商为逃避建造保障性住房而破坏公共计划规定；开发商通过送礼贿赂城市议员使其卷入房地产；开发商几乎只为世界富豪和投资者建造房屋；明显缺乏能力监管工程中的大量洗钱活动；拆除可行且必要的公共住房；将租户驱逐出城市。

这些事情之所以发生，并不是因为某个亿万富翁拨通了市长的电话，而是因为开发方案变得可以接受并被认为是必要的，即人们认可城市重建是对城市最有效和最好的利用，能够确保其获得最大利润的说法。正因为如此，我们无法通过校友关系网、私人俱乐部或在伦敦金融城的午餐会来充分理解这里的故事。

但可以确定的是，有些关键的变化是城市运作方式转变的基础。当然，随着时间的推移，精英阶层及其网络在招募那些效忠于赚钱而非阶级或国家至上的人这一方面变得越来越有效率。这些变化改变了现有精英阶层的构成，同时建立了新的、更复杂的精英阶层。利益集团，包括伦敦金融城及其各种机构、政府和内阁，为促进富人进行一轮又一轮资本积累的监管体系和贸易规则提供担保。在新自由主义时代，政治和企业之间的博弈发生了显著变化，利己主义、短视主义和不计后果的行为日益明显。[①] 在与（新）富裕阶层的关系中，政客们已经改变了他们的角色和地位。他们已经变成一种"管家阶级"，把自己看成是富人的下属，支持、引导和纵容富人。

这就是财阀城市的都市生活，在这个城市中，"搞钱"从中央和地方政府官员嘴里名正言顺地说出来。这些官员要么本身就是"自由资本"和"涓滴经济学"的拥趸，要么就是认为他们根本没有能力掌控资本。关键是，这样的结果不仅影响精英阶层的生活，更为驱逐穷人和忽视中等收入群体的论点提供了依据——仅仅是因为他们对城市经济的价值贡献较低。即便这些过程经常被巧言令色所掩盖，或者被借用鼓励国际投资的话术表达出来，但不可否认这些进程确实是野蛮的。不管怎

---

① 埃龙·戴维斯（A. Davis），《鲁莽的机会主义者：建制末期的精英》（*Reckless Opportunists: Elites at the End of the Establishment*），曼彻斯特大学出版社，2018 年。

样，精英们可以在绿树成荫的街区、舒适的俱乐部、令人兴奋的休闲路线上生活，不受工人阶层和穷人打扰，免受由他们的决策所带来的负面影响。

金钱拥有真正的力量，它可以创造出新的天际线，可以扭曲规划原则和规则，可以购买正常渠道无法购买的俱乐部会员资格，还可以在隐秘的重要权力网络中获得同决策者和政府接触的特权。金钱不会强行进入，通常是顺势而为，受人欢迎。金钱的力量是城市的约束和指导逻辑，它能够支配、影响和塑造城市的各种可能性。总的来说，伦敦这个长期以来通过金融服务业为资本服务的城市，也越来越多地为富人服务。

2　权力的群岛

阿尔法城市之于富人，就像骨头之于人体。富人在这里得到豪宅、俱乐部、权力网络和形形色色的助理。阿尔法城市的支持系统紧密联系在一起，这意味着富人聚集在最精致、最豪华的地区。这些地方有种难以描述的气质和快速增长的社会潜力，吸引着超级富豪来到这座城市的美好街道和家园。这些特质几乎将全球独一无二的遗产、声望和文化融为一体，造就了一座宜居的城市，一座在"社交季"能够结识到社会名流的城市。尽管宫廷和贵族的圈子已经消失，但如果想要在全球精英排名中找到一席之地，就必须在这座城市找到一席之地。

　　作为国际资本投资的目的地，伦敦是一个创造财富的地方。同时，伦敦也是富人寻求社会经济地位"更上一层楼"的地方。这是一个多样化的国际团体，人口来自全球各地，特别是来自周边新兴国家和经济蓬勃发展的国家。当然，长期以来伦敦一直是一座吸引着全世界富人的富有城市，过去富人几乎只聚集在伦敦西区，而如今，超级富豪的聚集地已经扩展到伦敦的北部和南部，以及伦敦行政区划以外的众多地区。

　　超级富豪对城区社会和经济生活的依赖将这些公共服务网络和富人区联系在一起。社交、生意以及政治联系的圈子凭借豪华快速的交通方式而得到扩展，它们有效扩大了城市地理范围，将新的郊区、富裕的城镇和拥有巨型住宅的村庄纳入其中。但在这一切之中，城市本身对富人日常生活和财富运转仍然至关重要，对吸引全球新兴财富的流动也至关重要。

　　谁是伦敦的富人，他们从哪里来？为什么这个城市如此吸引他们？本书分析的核心论点是，伦敦对于富人群体的身份形成至关重要，即便富人阶层本身存在明显的细分。这个群体形成了一种聚集，我们可以在城市各处看到他们的身影，但由于国家、经济和政治背景日益多样化，他们之间并没有明确的群体意识。阿尔法城市也像一座剧院，新晋富人在其中花费大量金钱寻求社会和文化资源，而老牌富人认为自己早已充分掌握这些东西。

作为新贵，今天的超级富豪们来到伦敦，是因为他们认为伦敦是为数不多的几个合适的目的地之一。他们来这里既为夺利，也为争名。如何进入伦敦呢？首先他们要住进伦敦知名的豪华街区，加入著名俱乐部，并在非正式的场合与他人建立社交联系，从而避开世俗规范和偏见。如果说伦敦大部分地区的最初建设是为了吸引来自农村腹地的有钱人，那么如今它在全球范围内仍扮演着同样的角色。

伦敦西区：富人剧院

今天的伦敦富人精英地区在两百多年前就已经存在了。19 世纪初，伦敦西区已经成为富人新住宅开发的焦点，地产业主投机建造，以容纳贵族、为帝国冒险而致富的商人和新兴产业的资产阶级业主，令他们得以在这些著名的飞地租赁房产。阿尔法城市的历史便始于此，这里作为富人的熔炉汇聚了英国和国际财富精英。从这个意义上说，城市仍然扮演着社会融合和人与资本加工厂的角色，是新的社会群体和阶级逐渐融合、形成的地方。

历史上，住在伦敦西区的精英群体形成了一种共同的认同感、意识和团结。由此也导致新晋富人必须挤破头进入伦敦西区，以进入国家精英阶层的行列。长期以来，历史名城和既有的精英阶层一直是富豪和权贵群体形成的关键因素。地理位置邻近促使富人能够建立起社交网络，享受都市生活方式以及一系列令人兴奋的服务、机构和社交机会。在这些社会变革和更加城市化、更有自我意识的精英群体形成的背后，存在着强大的经济激励因素。

伦敦西区的建设是大型地产公司的投机行为，精致的街道、住宅和半乡村式的广场，是吸引富人趋之若鹜的必要条件。伦敦西区让富人们相互毗邻，也让他们更接近宫廷的重要机构、城市的经济机构，以及能够进入"社交圈子"的各种活动。如今的伦敦追逐着全球的资本和新的富人阶层，延续着早期社交圈和阶级形成的模式。

梅菲尔和骑士桥这种地区的地理位置，注定只能建造唯有精英阶层才能负担得起的大型豪宅。这样的富豪家庭需要大量的随从人员，为之服务的商店与服务机构需要的奢侈品或新鲜食品供应链必然很短。住在合适的地方对于稳固社会中的地位至关重要。历史学家指出，住在城市特定位置是被认为"属于某类人"的关键。因此，富人和贵族的住所通常都不在泰晤士河的南面。在17世纪，贝德福德伯爵（科文特花园）、莱斯特伯爵（莱斯特广场）和南安普敦伯爵（布鲁姆斯伯里）创建了早期伦敦西区的新区域。在18世纪，斯卡伯勒伯爵（汉诺威广场）、牛津伯爵（卡文迪什广场）、伯克利勋爵（伯克利广场）和格罗夫纳家族（格罗夫纳广场）奠定了今天的阿尔法社区的基础，伦敦西区的范围进一步向西推进。

从美学和物理角度来看，新晋富豪的到来催生了新的城市地区，他们的财富力量体现在这些地区巨大的豪宅和宫殿，以及后来出现的酒店和俱乐部上。这些建筑规模宏大，通常采用国际风格，例如法式风格、哥特式风格和古典风格。

伦敦西区的地产通常有个焦点，即中心广场，并配有一座与庄园主人有关的宅邸。广场周围是新居民和租户的房子。城市规划通过教堂、市场和公共房屋建设，在一定程度上确保形成了或多或少能够自给自足的邻里单元。与今天不同的是，早期富人的仆人和服务人员也住在伦敦西区，为富人家庭提供所需的商品和服务。虽然伦敦西区是精英地带，但由于富人对中低收入群体提供"帮助"的依赖，地区的人口构成必然是多样化的。据估计，即使在这些超级富裕的地区，也只有 10% 左右的人口属于"上层阶级"，其余则是仆人、店主、公职人员和小型制造商。

伦敦西区的某些地区与特定的政治派别有着密切联系。例如，汉诺威广场（1717 年）是由辉格党和军方人士修建的，而卡文迪什广场（1724 年）则被视为保守党的领地。尽管社交网络交错且复杂，但是伦敦西区从来不是一个居民相互联系的社区。事实上，这里像是一个非常大的"非全年"区域，因为许多大型联排别墅的主人只在"社交季"入住几个月，之后富人就会返回他们的乡村住宅。这种模式和我们今天看到的有些相似。

据估计，1800 年居住在伦敦西区的有爵位的精英阶层大约有 5500 人；到 1900 年，由于城市化和新爵位的授予，这一数字上升到 21700。最早返回伦敦的富豪群体包括印度归来的财主们（他们在 18 世纪中期作为东印度公司的雇员在印度发家），也包括了一些在牙买加的蔗糖贸易中暴富的家族。人们对这些人最大的担忧不仅来源于他们的巨额财富，还因为他们试图用钱购买议会席位。当权者试图通过削弱东印度公司的权力和规模以控制局面，但是金钱的力量对城市、国家和社会的威胁也许是不可避免和不可抗拒的。

数百年来，总是以某种方式游离于城市之外，并且对既有精英阶层构成威胁的新晋富人来到阿尔法城市的门口，寻求融入这座城市现有的企业、政治和文化圈子。新晋的富人和家族希望通过教育、模仿良好的品味、寻求政治支持以及联姻策略进入上层社会，与伦敦的名门望族和贵族圈子为伍，从而获得和繁衍能够世代相传的家族财富。如果不靠近那些只有在伦敦才有的社交关系和机构，是无法做到这一点的。

新富群体也通过加入城市中越来越多的私人俱乐部（1837 年大约有 25 家，1900 年有 98 家）来争取进入上层社会的机会，其中许多俱乐部都与政党有关。大多数俱乐部都聚集在圣詹姆斯和皮卡迪利，因为这些地区以前都毗邻圣詹姆斯宫（St James's Palace）。尽管1837年维多利亚女王迁居附近的白金汉宫（Buckingham Palace)，但是圣詹姆斯宫仍然是皇家宫廷。如今，虽然有些俱乐部致力于艺术、媒体、大学和体育，但许多俱乐部仍然专注于政治，与军方或贵族维持着较强的联系，如改革俱乐部（保守党大本营）、草坪俱乐部、怀特俱乐部和普拉特俱乐部（在这里，所有的男性员工都被称为乔治，以免混淆）。一个世纪过去了，随着富人品味和社会需求的变化，专注于艺术的俱乐部也浮出水面，如雅典娜俱乐部、加里克俱乐部、萨维奇俱乐部、艺术俱乐部和萨维尔俱乐部。

实现从富人向贵族转变的一个关键途径是利用荣誉将货币资本转化为政治和社会地位。据估计，到1890年，四分之一的商贸家庭拥有贵族头衔。在1886年到1914年之间，诞生了200个新的贵族[1]，这说明金钱

---

[1] 彼得·阿特金斯（P. Atkins），《1792—1939年伦敦西区阶级团结的空间配置》（"The Spatial Configuration of Class Solidarity in London's West End 1792—1939"），《城市历史》，1990年第17期，第36—65页。

越来越被社会接受，有人认为这是一种士绅的"资产阶级化"。当时的城市权力集团主要由土地主组成，其角色在两方面摇摆不定：一方面是要把守好"有品位"和"有教养"的要求，另一方面要慢慢接纳已学会名门望族行为方式和准则的新富豪。直到 19 世纪晚期，获得农村庄园仍然被认为是模仿乡绅品味和权力的关键手段。据估计，1835 年到 1889 年，英国建造了 500 所大型乡村别墅。然而，从 20 世纪早期开始，大多数人都将伦敦看成做生意和与志同道合者交往的关键地点。在这里，人们还可以参加每年 5 月到 9 月的"社交季"。

伦敦财富精英的更替

我们该如何解读构成今天阿尔法城市富裕阶层的群体与个人？本书把他们大致分成三个不同的部分。第一类是已经有确定地位的富人，我们在上一节已经介绍了他们的祖先。这部分人包括了那些拥有世代相传家族财富的人，以及那些扎根于城市中阿尔法阶层的更温和的贵族精英。第二类相当于 19 世纪末和 20 世纪初的新贵阶层，这个群体包括各种工业、科技、金融、大宗商品、能源和公用事业的行业巨头。第三类是助纣为虐者，他们扮演着资本和超级富豪的助手角色。在多数情况下，这些代理人和经理人自己也很有钱，他们通常是通过帮他人扩大和配置资产而获利。这群人对阿尔法城市的延续至关重要，因为正是他们创造了一种有利于吸引全球流动资本的环境，并确保新的资金对城市产生更广泛的影响。这些推动者包括银行业的高层管理人、大公司的经理或首席执行官、金融家、对冲基金经理、政界人士，以及包括开发商和建筑商在内的房地产行业人士。

伦敦的富人绝不是一个统一体，他们有着不同的背景、兴趣和角色。财富与政治、金融、贵族和媒体等其他关键领域交错重叠并融合在一起。富人占领这座城市的例证是多方面的，既包括为城市带来资本投资的规划，也包括富人自己的战略行动。老牌富人、新晋富豪以及帮凶型富豪这三类富人群体来自不同国家、不同行业，既包括白手起家致富的"富一代"，也包括继承财富的"富二代"。

住在伦敦的富人在其他地方也有住所，这使得伦敦与其他地方之间形成争夺富人的张力。这些地方都提供或多或少的开放监管制度、优惠税收政策、快速交通网络和低廉的财产税。这个阿尔法城市的超级富豪有来自英国的贵族家庭和庄园主，也有媒体大亨、来自新媒体界的天才、工商业领袖、俄罗斯寡头、犯罪组织头目、石油大亨和其他资源巨头，以及与支撑当今全球资本市场的新（稀有金属、化学制品、药品）旧（钢铁、钻石）大宗商品有关的富人。

旋转的社交圈

财富精英唯一的共同特征是他们对个人财富的控制，这些财富是对资本或偶然，或战略性的，或咄咄逼人的控制而产生的。将财富精英捆绑在一起的往往是扩大或至少维持其财富地位的利益，这种利益促成了与追求低税收、经济稳定、金融特权和开放资本边界相关的政治联盟。在这里，我们还需要考虑到助推者，因为他们是技术熟练的工程师和机械师，负责维护资本运转的神奇机器，确保富人的需求得到满足。他们是富人的捍卫者，因为他们自己的财富依赖于富人，他们努力通过城市提供的诱惑，攫取潜在的容易获得的金钱。

在某种程度上，我们已经遇到了伦敦的老牌富豪。在很多方面，这个群体都与这座城市息息相关，他们根植于伦敦的日常生活已经几十年甚至数百年。虽然老牌富豪作为政治、法律领主和土地所有者的权力已经减弱，但他们仍然是阿尔法城市发展故事的重要组成部分。今天贵族头衔的使用极大地扩大了拥有土地的富人阶层，资产阶级和国际富豪通过获封爵位，进入城市的当权者和政党行列。今天的城市历史财产是老牌富豪铸就的，例如仍然拥有伦敦市中心的大片土地的

重要庄园——格罗夫纳庄园（300 英亩）、波特曼庄园
（110 英亩）、卡多根庄园（93 英亩）、德·瓦尔登庄园
（92 英亩）和贝德福德庄园（20 英亩，覆盖布鲁姆斯伯
里），它们的总财富估计约 220 亿英镑。老牌富豪包括
19 世纪和 20 世纪出现的"新"家族的后代，如罗斯柴
尔德家族或塞巴格·蒙蒂菲奥里家族。然而，即使是
20 世纪 70 年代最富有的家族，也很少出现在今天伦敦
的超级富豪行列中。

　　贵族富人强烈依恋地方，并将其作为社会资产使
用。当然，过去和现在的上议院中有很多人都是贵族富
人。贵族富人的传统形象可能是伍德豪斯式的，像古板
古怪的地主，他们回避现代生活的物质陷阱。前威斯敏
斯特公爵就以对物质不感兴趣而闻名——当你拥有英国
大片土地时，这一点就不难理解了，在金钱如潮水般涌
来的世界里，贵族的责任感固然有意义，但我们必须记
住，是运气、土地和租金的积累造就了这样一个群体，
他们的金钱与各种形式的政治权力和更微妙的影响相互
交织在一起。这些联系和利益继续阻碍土地改革、财产
所有权透明度的提升、更大的累进财产税，以及对洗钱

和海外投资等更有挑战的问题上采取的行动，因为无论在伦敦还是其他地方，贵族富人的许多财产都与这些有关。

如今，这些庄园已经脱离各自的家族，变成了企业。许多公司已经将业务扩展到其他城市和国家，进行土地和房地产投资。例如，格罗夫纳现在是一家信托公司，在全球 60 多个城市拥有房产。和过去一样，这个群体通过收取土地和物业租赁的租金来维持财富，但投资组合多样化也是其生存的关键。长期的所有权意味着这个群体积极地规划和塑造伦敦许多富人区的外观和感觉，而这些地区持续吸引着全世界的新贵。

时至今日，无论是伦敦市长的年度游行、逐渐消失的皇室宫廷巡游，还是毕业舞会和社交舞会，在这座城市仍能看到一些日渐式微的赞助，以及古老的阶级和权力结构的展示。自 20 世纪 60 年代以来，一年一度的"社交季"已经逐渐衰落，因为它维持协会会员身份的作用也在衰落。但这座城市最富有的古老家族当然还有皇室本身，它继续在这座城市的日常生活中发挥着作用。在这里，土地和社会地位捆绑在一起，通过长期的遗产管理和继承规划，世代相传，精心维持和管理。2017年，新威斯敏斯特公爵继承了英国乃至世界上最大的家族财富之一，但是通过信托，他几乎没有缴纳遗产税。即便如此，时代和财富还是在变化。2018年，据估计，阿布扎比王室现在是梅菲尔地区第二大土地所有者，一系列主权财富基金在这里抢购了大量土地和资产。伦敦仅次于白金汉宫的最大住宅现在归俄罗斯寡头所有，而一位曾拥有移动电话帝国的亿万富翁正在梅菲尔的中心地带建造一座超级豪宅。

老牌富豪中也有相当多的家庭即便不是富得流油，但依旧十分富裕。这些富裕的家庭已经在伦敦的上流社会生活了好几代，他们的富裕程度处于财富金字塔1%以内，他们对新晋富人带来的许多变化感到不满。这是一个与中上阶层和上层阶级接壤的特权阶层，他们通常在二十世纪六七十年代购买了房产，对他们来说，涌入这座城市的巨大财富潮既是象征性的，也是对他们安静享受这座城市的真正挑战。这一群体的主要焦虑是不断上涨的房价、汽车和派对带来的过度噪声污染，以及新财富精英不寻求融入邻里日常生活等问题。这些老牌贵族精英们经常抱怨，曾经多样化和充满活力的城市社区现在给人一种"鬼城"的感觉。老牌贵族精英过去和现在都享有特权，但是现在他们感觉受到了新财富精英的威胁，以及新建的高层建筑和豪华开发项目带来的城市过度开发。

伦敦新富

在这个"阿尔法之城"，还有一些通过全球金融化、掠夺式资本主义、新金融工具和寻租技术平台而暴富的人加入了富豪的队伍。伦敦一直热衷于吸引这一群体，尤其是他们的资本。

伦敦富人财富来源的变化是全球经济变化的晴雨表。从 19 世纪煤炭、钢铁和棉花占主导地位，到今天金融、科技和媒体所扮演的角色，这些变化都可以投射到这座城市的阿尔法社区，并能够通过新建筑展示出独特的当代品味和不受约束的金钱权力。随着时间的推移，这些展示和富人本身似乎变得更加私人化，而在 100 多年前，许多富人会通过社会和政治贡献来标榜自己的地位。

陈腐过时、不民主的精英阶层已经让位于"白手起家"(这里的引号很重要!)的富一代这一想法掩盖了许多促成因素,比如好运气、大公司的选拔过程(基于学校教育或社交网络)、垄断地位的杠杆作用,或者赌博、犯罪之类的行为。富人往往占据着不可空缺的结构性职位,同时他们认为其他人无法胜任他们的工作。许多富人可谓"吸血鬼",其财富主要来自他们有所控制的资本、财产和知识产权。这类富人不受挑战、不缴税,就在那里。在得到授权的政治团体、经济团体以及关键人物的推动下,阿尔法城市正在展开一场吸引财富精英的竞争。

如何描述伦敦新贵的社会地位最恰当呢?传统的阶级类型分为工人阶级、中产阶级和上层阶级,这种划分让人感觉越来越古板,也越来越不适合解释现在向上延伸的财富长尾。当然,任何建立在职业、政治立场或收入的传统衡量标准上的阶级或身份意识,都无法帮助我们深入了解社会顶层和底层之间的鸿沟。更重要的是,我们无法理解巨大的优势和金钱力量是如何向富人聚拢的。在这种情况下,获得财产的方法之一就是跟着金钱走,着眼于能够为如此小簇群体带来如此显著利益的资源和制度。

死去的空间

　　这意味着要正面解决两个关键问题，一是精英概念本身包含的权力问题，二是如何理解精英对其所处城市环境的影响。显然，两者有许多重叠，因为金钱与其他从属关系、机构、身份和行业部门紧密相关。而这些都没有回答一个问题：上层阶级或统治阶级是否仍然存在？如果它存在，是否仍然具有影响力？不过，可以看到的是，在许多情况下，老牌富豪已经成为新资本家的附庸和促进者。在某些方面，新财富群体再次将紧闭的阶级之门推到一边，从而规避了既得利益集团和其形成的利益格局。

虽然权势集团的概念并非多余，但它在许多方面已被一个新的、国际化、世界主义的集团所取代。这个集团的财富与 19 世纪末 20 世纪初"美好时代"的资本家们所拥有的财富相差无几。在 20 世纪，由于大规模战争、劳工和社会民主政府的部分胜利，权势集团的财富受到侵蚀，变得拮据。但从伦敦的管理方式中可以观察到阶级和资本利益的再次兴起，这是恢复和维护富人权力战略的一部分。放松土地和劳动力市场的管制、削减公共部门的开支、减少边境限制或资本税，以及为国际投资者和房地产买家提供有利的环境，都促成了富人数量的恢复和增长。除了这些旨在吸引富人的城市管理措施，历任市长和有影响力的人士向所有希望在伦敦投资或生活的富人发出了邀请。比如英国前首相鲍里斯·约翰逊就声称，伦敦之于亿万富翁，就像苏门答腊岛①的丛林之于猩猩一样。

---

① 译者注：苏门答腊岛，梵语意为"黄金岛屿"。

中央政府和伦敦政府（包括 32 个伦敦行政区，其中许多行政区出于自愿或必要，都是欢迎国际资本的）以及伦敦金融城，是吸引富人的关键机构。伦敦金融城坐落于大量企业流动（包括巨大的非法财富渠道）的中心，它通过后殖民时代发展起来的离岸金融吸纳资本。无论是在繁荣时期，还是经济危机时期，金融的力量都通过政府的货币逻辑调控而得到保证。

所谓的非税务居籍（non-domicile）税收规则是不受地域限制的富人保留财富的重要手段。信托是保护既有财富的重要工具，而来自海外的资金或继承的财富（税法规定可以继承）甚至受到鼓励，并被承诺基本上不征税。在英国生活并持有大量的海外财富的人，仍然可能只对流入英国的收入支付非常少的税。这种情况很快就变得非常复杂。针对非税务居籍居民的纳税规则可以追溯到 1799 年，当时在经历了一系列战争和巨大损失后，英国为了重建国家而引入了这项措施。当时许多富有的英国公民居住在国外，如何对其在国外持有的房产、财富和商业经营征税，又不影响其返回英国，成为一个问题。为了鼓励他们的回国，英国政府建议对非税务居籍居民的资产和国外收入免征税。

这项规则在 2017 年发生了变化，国家要求非税务居籍居民就其在英国的收入缴纳所得税，但只要这些资产和收入不在英国支付给他们，非税务居籍居民们仍然可以不用为其在外国的资产和收入纳税。非税务居籍居民可以选择保留海外业务并积累一笔资金，退休后到法国、百慕大群岛或其他地方使用。这些规则还规定了一系列英国公民无法享受的遗产税、商业投资和其他税收减免。更复杂的是，英国公民在海外持有的收入和收益可能被征收费用（"汇款基础费用"）。

最新数据显示，在伦敦注册的非税务居籍居民有 5.29 万（英国税务海关总署 2019 年数据）。有些奇怪的是，这群人居住在伦敦，但并不生活在那里（为了减轻税收负担），他们是税务界的"薛定谔的猫"。对于富裕的非税务居籍居民来说，法律将这座城市定义为一种不完整的家园，尽管伦敦显然是他们的首选居住地。2018 年伦敦非税务居籍居民缴纳了 53 亿英镑的所得税（约占英国全部 9 万名非税务居籍居民缴纳的所得税总额的 80%）。这听起来似乎是一个相当不错的数字，如果把它除以伦敦非税务居籍居民的总人数，平均每人每年缴纳 10 万英镑的税款。这听起来似乎仍然很多，但是英国普通学校的高级教师年收入约 5.5 万英镑，要缴纳约 1.6 万英镑所得税；而一个"低收入"的大学副校长年收入约 17 万英镑，要支付差不多 7 万英镑的税收，相当于 25 万伦敦人的收入水平。由于我们对非税务居籍居民的海外资产规模知之甚少，因此无法估计这样的政策造成了多少税收损失。由此，许多人批评英国政府的税务稽查员不作为。同样还需记住的是，非税务居籍居民还不包括大量利用离岸储蓄和投资基金来避税或减税的"在岸"富人。

非税务居籍居民引起了许多激烈的争论。除了一些知名人士之外，我们对这些人的身份知之甚少，比如英格兰银行前行长马克·卡尼、罗曼·阿布拉莫维奇、刘易斯·汉密尔顿、西格丽德·劳辛、罗瑟米尔子爵（《每日邮报》的所有者，他从父亲那里继承了这项豁免权）以及拉克希米·米塔尔，他们都是伦敦顶级富豪。该名单还包括詹姆斯·凯恩这样的企业家、私募股权和财务经理、资源和零售业巨头，以及银行、制药公司和保险公司等众多大型跨国企业的首席执行官。

　　非税务居籍居民已经成为争论的焦点，因为许多人已在伦敦居住多年并从中受益。非税务居籍居民的问题凸显了帝国和土地权益遗留下来的规则并且已经渗透进当代城市生活。这是一个很好的例子，说明资本可以通过各种方式摆脱庶民加于他们的规定。

　　总的印象是，腐朽的殖民主义遗产为富人的利益服务，他们能够绕过税收机构。评论人士经常担忧，对富人施加更大的纳税压力可能会赶走这些对英国经济做出重要贡献的人。然而，阿尔法城市的长期居民似乎不太可能因为税收的公平化而放弃住在伦敦。

　　显然，伦敦对全球超级富豪的想象、钱包和生活仍有强大的吸引力。在这个意义上，我们有理由相信公平、透明的税收规则可能并不会导致伦敦富人大批离去，因为他们在别处将无法享受到伦敦生活的诸多美好，即使他们只是在一年中的部分时间来到这里。采取这些措施有个明显的好处是，可以明确传达一个信息——税收规则公平地适用于所有人，而额外的税收收入可用于解决经济适用房等问题。

以叶夫根尼·列别杰夫（《标准晚报》的老板）、卡梅伦·麦金托什爵士（娱乐公司的老板）、潘迪生①（哈维·尼克斯百货商场的老板）、迈克尔·布隆伯格（政治家以及媒体公司的老板）、安东尼·班福德（重型设备制造工厂老板）、安妮-玛丽·格拉夫（钻石公司老板）、伯纳德·刘易斯（零售公司老板）、夏琳·德卡瓦略·海内肯②（酿酒公司老板）、阿斯霍克·雷兰德（钢铁大亨）、理查德·德斯蒙德（媒体名人）、伯尼·埃克莱斯顿（体育名人）、邓肯·班纳坦（休闲业名人）以及克里斯蒂安·坎迪③（房地产公司老板）为代表的富人被称为阿尔法城市的"新富"。金融业富人也占据重要地位。伦敦富豪榜最有趣的地方或许是其中大部分

---

① 译者注：潘迪生爵士，中国香港商人，旗下业务包括钟表、百货公司与著名品牌时装零售。2015 年受英女皇封为下级勋位爵士。
② 译者注：夏琳·德卡瓦略·海内肯是一名商人，继承得到荷兰啤酒酿造商喜力 25％ 的股权。2020 年 4 月 7 日，夏琳·德卡瓦略·海内肯以 128 亿美元财富位列《2020 福布斯全球亿万富豪榜》第 93 位。
③ 译者注：房地产大亨克里斯蒂安·坎迪和尼克·坎迪一起建造了伦敦海德公园一号公寓楼，该公寓楼被认为是世界上售价最贵的公寓楼之一。

名字都鲜为人知，那些拥有巨额财富的人大部分都隐姓埋名。

同样重要的还有打理和投资富人资金的基金经理，比如克里斯平·奥迪（Crispin Odey）、肯·格里芬（Ken Griffiny，花了近 2 亿英镑在伦敦购置了两处房产）、迈克尔·普拉特（Michael Platt）和约翰·贝克威斯（John Beckwith）等人。对这些人而言，靠近伦敦金融城固然重要，但靠近重要的对冲基金聚集区梅菲尔也同样重要。长期以来，梅菲尔地区一直被从事高端金融工作的人认为是更舒适、更便于交际的地方。"距离不再重要"的观点在金融领域并不准确，个人交易、面对面的会议有助于建立信任，因此酒吧和餐馆等基础设施也至关重要。

在过去二十几年里，伦敦富人的国际化程度越来越明显，其中包括俄罗斯人、土耳其人、尼日利亚人和中国人，还有长期居住在这里的美国人、阿拉伯人和法国人。许多新贵住在早期经济大繁荣时期建造的豪宅里。例如住在被称为"泰姬陵米塔尔"的肯辛顿王宫花园里

的拉克希米·米塔尔①、罗曼·阿布拉莫维奇②、伦纳
德·布拉瓦特尼克③、阿利舍尔·乌斯马诺夫④、中国
首富王健林、文莱苏丹、塔玛拉·埃克尔斯通，以及精
英地产代理公司福克斯顿（Foxtons）的老板约翰·亨
特。在摄政公园的旁边，阿曼苏丹、文莱王子和沙特王
室成员住在摄政王的御用建筑师约翰·纳什于19世纪
早期建造的巨大的"乡村小屋"和联排别墅里。

在海格特和汉普斯特德地区，许多豪宅是肥皂商
人、煤炭商人以及酿酒商人所建，现在已经被俄罗斯富
人买走，他们的生活往往比那些在山上建造豪宅的贵族
更为隐秘，但最终都是昙花一现。阿斯隆住宅最初由一
位金融家所建，1955年至2003年变成了养老院，后来

---

① 译者注：拉克希米·米塔尔以149亿美元财富位列《2021福布斯
　全球富豪榜》第133名。
② 译者注：罗曼·阿布拉莫维奇以145亿美元财富位列《2021福布
　斯全球富豪榜》第142名。
③ 译者注：2004年，俄罗斯石油寡头兼亿万富翁伦纳德·布拉瓦尼
　克在伦敦西部买下一间有10个卧房的超级公寓，价格高达4200
　万英镑（约合人民币6.3亿元），每平方米价格超过人民币16万
　元。
④ 译者注：阿利舍尔·乌斯马诺夫以184亿美元财富位列《2021福
　布斯全球富豪榜》第99名。

又被卖给了科威特王室。最近，它被私人投资公司阿尔法（Alfa）的总裁（最初是一名建筑工程师）米哈伊尔·弗里德曼以 6500 万英镑买下。就像阿尔法地区的许多住宅一样，该房产也是从海外购买的。毗邻阿斯隆的是比奇伍德住宅（Beechwood House），它属于亿万富翁阿利舍尔·乌斯马诺夫（金属和采矿业大亨，拥有阿森纳的股份），他在伦敦及其周边地区至少有两处豪宅（另一处位于萨里郡的萨顿广场）。比奇伍德住宅之前由沙特阿拉伯和卡塔尔王室成员持有。

这里最耀眼的可能是威坦赫斯特住宅。它有 65 个房间，是英格兰仅次于白金汉宫的第二大住宅，但对于化肥大亨安德烈·古里厄夫来说显然还不够大。他通过一家在英属维尔京群岛注册的公司（赛峰控股）买下了这处房产，据说后来又扩建了，增加了地下停车场、大型室内游泳池和电影院。

伦敦越来越成为一个由新富阶层创造，并且为新富阶层运转的世界。然而，新富阶层很少有人全年居住在这座城市。如今，他们不再像他们的祖先那样隐居乡村，而是更倾向于其他能够避税的城市，比如日内瓦、迪拜、摩纳哥城，或者在他们故乡，比如印度、阿联酋、巴基斯坦、尼日利亚、黎巴嫩或以色列。虽然城市新富是一群高度流动的群体，根据他们的口味和需求在很多地方来回穿梭，但是他们之中有许多人仍然认为伦敦是他们接触财富集团中的其他成员、获取商机的关键地方，可以利用伦敦汇集的令人振奋的安排和组合。

如果说 19 世纪的资产阶级最初是为了加入社会的行列而挣扎，那么他们在城市中的合作和共存最终成为一种绕过统治精英的阶级封闭或排斥策略。近几十年来，类似的过程也发生过。在 20 世纪 70 年代，当伦敦陷入困境时，金钱比社交网络更有说服力，随着像阿拉伯石油富豪这样的新来者在骑士桥和梅菲尔等地区定居，关于谁是社会一分子的势利观念则逐渐消失。

克莱蒙特俱乐部，一个由中产阶级企业家约翰·阿斯皮纳尔开办的赌场，被认为是 1980 年代伦敦城市中充斥的无规则资本主义的代表，新玩家可以进入赌场并在现存体制规则之外争夺权力。梅菲尔"集团"展示了一个有趣的案例，即战后伦敦权力结构的变化。詹姆斯·戈德史密斯、吉姆·斯莱特、蒂尼·罗兰以及英国空军特别部队（SAS）创始人戴维·斯特林等关键人物都认为，英国是个正在衰落的帝国，其绅士资本主义和现存体制均因自满和循规守矩而削弱。在这种情况下，尽管有时昙花一现，但股东夺取公司控制权和剥离资产被证明是夺取权力并创造非凡财富的有效手段。这群人似乎是反建制派，同时又很怀旧，认为英国对于那些准备拿自己和别人资本冒险的人来说，至少是一个可以恢复经济卓越地位的国家。这个故事与当代人们对新富阶层和反建制精英的印象有一定关系，他们为了篡夺权力试图利用"脱欧"这一手段，来构建"英国正在衰落"的叙事。

今天的富人们不再是单一形式的权力集团，按照国籍（英国人仍然有很多，其他如俄罗斯人、阿联酋人等）、财富来源（大宗商品、能源、食品和酿造、媒体）和产业部门（金融、房地产开发、工业）可以分为多个亚群体。大多数新晋富人是近几十年出现的，并不是世代相传而来的。有人宣称，在一个更加开放的、任人唯贤的企业世界，新一代的积极进取者和创新者将收获财富，而另外一些人则描绘了全球经济的规模、强度和不均衡的分配制度的变化。这些变化将产生一批新晋财富精英，在国家垄断地位、逃税、离岸金融以及灰色交易或非法交易的推动下，新晋富人只需要付出相对较小的努力。

从媒体对海德公园一号公寓业主的报道，可以看出伦敦顶级富豪的模样。海德公园一号是伦敦当代财富精英的缩影，也是许多矿产和能源丰富的国家富豪的目的地。① 海德公园一号中的公寓通常通过一家离岸公司进行买卖，它改变了坎迪兄弟尼克和克里斯蒂安的命运，他们其中一人就在此拥有一套公寓。海德公园一号也被认为是伦敦唯一的超豪华楼盘。通过各种资料，我们可以了解到"影子居民"的情况。这座半封闭戒备森严的豪华大楼有 80 套公寓，离哈维·尼克斯百货商场和哈罗德百货商场只有一步之遥。

海德公园一号业主的财富似乎完全来自新兴产业，

---

① 尼古拉斯·萨克斯森（N. Shaxson），《两个伦敦的故事》（"A Tale of Two Londons"），《名利场》，2013 年 4 月。

如私有化的能源领域，对电信、房地产、制药、石油、房地产、博彩的垄断控制，据说还有来自有组织犯罪的不法之财。海德公园一号业主的构成包括俄罗斯人、黎巴嫩人、马来西亚人、澳大利亚人、卡塔尔人、尼日利亚人等。据报道，除了克里斯蒂安·坎迪花了大约2.7亿美元买下了其中的复式顶层公寓户型D，只有一名英国人住在那里。

海德公园一号代表着社会顶尖层，是亿万富翁在大都市的缩影。在整个城市中，这样的"宇宙级"豪富估计有近百人。他们是在社会、经济和政治领域中具有极高影响力的一小簇人。伦敦亿万富翁中有吉姆·拉特克利夫、詹姆斯·戴森和菲利普·格林等英国人。此外，还有罗曼·阿布拉莫维奇、奥列格·德里帕斯卡和阿利舍尔·乌斯马诺夫等俄罗斯人，以及来自中东和东亚的富豪。政客向他们示好，但记者们却经常避而远之，因为他们已经害怕被起诉。这些大人物能够为自己建造一个世界，一个社会秩序和经济基础都一马平川的世界。

许多人会指出，阿尔法富豪出了名的慷慨。个人基金会和慈善捐赠当然非常重要，但与他们个人财富的规模相比，这仍然微不足道。英国的超级富豪远不如美国的超级富豪慷慨，尽管其中有些人成功地在伦敦美术馆和博物馆这些显著的公共场合崭露头角。例如，据报道，阿什克罗夫特勋爵收藏了全世界最多的维多利亚十字勋章，估价超过 3000 万英镑；他捐赠了 500 万英镑，在帝国战争博物馆（Imperial War Museum）建造了可以用来收藏这些勋章的阿什克罗夫特侧厅。同时，他还是安格利亚鲁斯金大学的校长。安东尼·班福德向保守党捐赠了数百万美元，却仅向慈善机构捐赠几万美元。

新来到伦敦的国际富豪通过有选择地捐赠，在城市中寻求一席之地，从而建立起声誉和认可度。在最近英国《金融时报》对莱恩·布拉瓦特尼克的报道中，他花了 4100 万英镑买下了位于肯辛顿宫花园的豪宅，跻身伦敦精英阶层。据说，在此过程中，他重金求到了一位勋爵和一名骑士的建议。布拉瓦特尼克向牛津大学的政府管理学院捐赠了大约 7500 万英镑，另外为建造布拉瓦特尼克大楼向泰特现代美术馆（Tate Modern）

捐赠了 5000 万英镑，还在 2018 年向维多利亚和阿尔伯特博物馆（Victoria and Albert Museum）捐赠了 500 万英镑，从而获得博物馆展览路入口的命名权。

萨克勒家族（制药公司的富豪）资助了蛇形画廊（Serpentine）、环球剧院（Globe Theatre）的萨克勒工作室（Sackler Studio）、大英博物馆（British Museum）的萨克勒大厅（Sackler Hall），邱园（Kew Gardens）甚至还有一座萨克勒桥（Sackler Bridge）。伊丹·奥弗向伦敦商学院——这个资本主义世界秩序的支持者捐赠了 2500 万英镑，以资助他们建设马里波恩市政厅（Marylebone Town Hall）校区；拉克希米·米塔尔向英国国家美术馆（National Gallery，也是 1991 年通过塞恩斯伯里家族资金扩建的）和大奥蒙德街儿童医院（Great Ormond Street Hospital）的一个侧厅捐赠了 4700 万英镑。新富豪通过向城市公共空间和设施捐款以获得命名权，延续了早期超级富豪的做法，这些早期超级富豪曾经捐款创建了泰特美术馆、大英博物馆和考陶尔德美术馆（Courtauld Gallery）。

在这一点上，我们需要关注守门员，避免被新中锋的花哨步法分心。新富豪可能会吸引眼球，但我们需要关注城市更深层的结构和社会秩序，以了解资本的利益和影响力如何改变城市的日常运营，即资本和超级富豪的幕后推手或助推器。今天的伦敦出现了十年前金融危机（2008 年）中强硬的资本主义的具体表现。此时此刻的伦敦，越来越难以捉摸、越来越复杂的资本生产方式得到了越来越富裕的推动阶层（董事会成员、金融家、对冲基金经理）、与扩张性市场导向高度相关的政客，以及房地产行业的从业者（开发商、建筑商、精英房地产经纪人）的支持。

我们可以，也应该把最富有的人视为影响力的焦点和不平等的象征，但这座城市的故事也很大程度涉及那些超级富豪和大公司掌门人雇佣和部署的代理人和机构。许多银行家拿别人的钱玩游戏，他们并不一定是我们所描述的超级富豪。在这个阿尔法城市，有近 70 万人在金融街和银行工作。这些广泛依赖于资本并为资本工作的人，对有利于他们部门和机制的延续明显更感兴趣。推动者是一个网络完善的中介阶层，他们意识到了自己在促进资本流动和资本家方面的作用，因为他们的业务依赖于此。在后面章节，我们将继续讨论这个群体。

通过地方强化财力和权力

诚然，伦敦是创造财富的地方，富人都会来到这里。但更重要的是，这座城市的本身，它的住宅、俱乐部、画廊、餐馆、街道和商店，使富人能够聚集、巩固和复制其现有的优势。从 21 世纪初开始，通过非税务居籍制度，伦敦成为一个实实在在的"避税天堂"。但这仍然留下了一个问题：为什么伦敦对富人来说如此重要？伦敦在许多方面都是至关重要的，它将复杂的精英网络联系在一起，推动并支持精英网络的创建，而这个网络的卓越地位正是由其财富所决定的。要想领略伦敦无形的魅力，你需要花时间在阿尔法地区更近距离地体验那些能够激发失重感和无限可能性的环境。

从高空俯瞰，阿尔法城市的富人分布大致形成一条金色的弧线，环绕着摄政公园和海德公园。这就是所谓的阿尔法社区，也就是所谓的"黄金地段"和"超级黄金地段"，房地产中介会引导那些富可敌国的外国买家来这里消费。阿尔法城市之所以能取得这样的地位，很大程度上是因为只有极少数地方能够成功吸引世界超级富豪的注意。吸引他们的是这座城市悠久的文化中心地位、政治力量、商业和企业活力，以及精美建筑中蕴含的历史遗产。伦敦之所以成为这样一座城市，既得益于运气，也得益于精英们为捕获富人而采取的策略，最终这些策略同全球和国家资本主义经济相互交织，并且相互作用。

极少有城市能够与阿尔法城市的历史底蕴相匹敌。经济主导地位不仅体现在伦敦金融城有形的公司机构和令人敬畏的、高耸入云的金融大厦，还体现在它与庞大的离岸金融世界之间的联系。伦敦的经济中心地位有助于滋生一种充满活力的文化，这种世界主义也同样吸引富人。但这座城市也是世界大都市网络的一部分，这些城市通过交通流、资本流、货物流以及富人自身的流动与伦敦相连。这个大都市网络由纽约、香港、新加坡和东京组成，由日内瓦、巴黎、迪拜和莫斯科等其他富人占据着巨大优势的城市补充，伦敦的许多富人也在这些城市拥有房产。

阿尔法城市就像一个巨大的外骨骼，其振奋人心的封闭性支撑并扩大了富豪的生活。伦敦的促成者阶层、住宅、俱乐部和各种机构正是支撑富人阶层躯体的骨架。富人圈通过微妙的、不断变化的联盟，与一个充斥着酒店、别墅、宫殿、俱乐部、机场的都市世界融为一体，形成一种能够把全球富人聚在一起的更普遍的特权和服务环境。谈到富人，就不能不提俱乐部。19世纪末期伦敦有将近100个俱乐部，而今天大约只剩下50到54个，这说明权力和影响力有所变化。过去，富人们在一个特定的社交圈或社交季建立和展示特权，而今天，这种单一的方式已经让位于围绕国家背景、财富来源或特定阿尔法社区而建立的众多私人朋友圈。

今天的超级富豪在许多方面都与过去的富豪一样，被吸引到城市中相同的地区，但是新的封闭式社区、超级中产化的村庄以及位于城市腹地半乡村地区的电子堡垒式的住宅一直增加。在许多情况下，早先富豪所建造的建筑和宫殿如今也成了富豪们的家。梅菲尔、骑士桥、贝尔格莱维亚和摄政公园附近尤其如此。作为一个整体，空间和社会在城市中相互碰撞和纠缠，形成一个非随机的地理格局，一个围绕重要基础设施、社会联系、设施和景点构建的地理格局。城市如同一片苍穹，缓慢移动的"富人星座"悬挂其中。从这个意义上说，伦敦使特权阶层有了一种集体意识，即使他们并未形成一个活跃或紧密的社区，也会聚集在此。

这座城市有着日新月异的变化——不断上升的天际线、标志性建筑、街道上随处可见的时髦人物和汽车，都突出了资本、富人和这座城市本身的交织。设计师、明星建筑师、幕后推手，通常还有超级富豪自己，都在思考将这些元素巧妙结合在一起，打造新住宅。海德公园一号是由富人建筑师、富人开发商、国家财富基金提供资金联合打造，而最终卖给国际超级精英的住宅。卡塔尔主权财富基金在切尔西兵营（该地的标签是"遗产、命运、传承"）以 10 亿英镑拍得一块土地，并开发了一个精巧的奢华项目。其中最小的两居室公寓售价不低于 520 万英镑，而精巧的联排别墅售价为 3700 万英镑，每栋别墅都配有私人游泳池。其他一些引人注目的开发项目，如肯辛顿花园一号、宫殿街 1 号、金丝雀码头水域铂景（Landmark Prinnacle）以及金钟拱门（Admiralty Arch，耗资约 1.5 亿英镑，改造成拥有 12 间卧室的单一住宅项目），突显了英国本土财富和国际财富的强强联合。这些空间也表明，越来越私人化、鎏金般的街道景观，在很大程度上侵占了城市的社会领域和公共功能。

许多富人都在寻求接纳、扩建和重新开发这座城市的住宅、街区、俱乐部以及政治生活。富人或他们的支持者在一波新的创造浪潮中摧毁了他们认为过时或多余的东西，如为建造大规模新住宅、摩天大楼或公寓，拆除了房屋，清理了场地。

财富与地方的融合并不是什么新鲜事，但这并不意味着流入城市的财富与城市经济、政治以及其他富人和权势阶层的关系没有发生重构。如果你坐在北面的海格特山上或者在南面的格林尼治天文台俯瞰城市的天际线，就会对这座城市的经济和政治留下深刻的印象。这座城市以市中心，以国会大厦、金融城大厦和金丝雀码头的高楼为标志，而这都是由市场参与者和历届市政府精心策划的大型集会。现在，这些地方高大的塔楼使伦敦旧城区的纪念碑和教堂尖顶相形见绌。

历史上的伦敦精英们对城市天际线和一系列宏伟项目的贡献，比如肯辛顿的阿尔伯特波利斯（自然历史博物馆和科学博物馆、维多利亚和阿尔伯特博物馆以及和阿尔伯特纪念堂之间的那条线），或者乔治四世蜿蜒的摄政街和摄政公园，都已淹没在由私人资本和市政府联合建设的更闪亮的城市高楼之中。这些物质形态的转变象征着一个更大的转变：城市从过去精英阶层积极为之服务之地，变成以资本积累和自我扩张为目的的空间，换言之，伦敦成为一个通过精打细算的规划实践和避税计划，灵活利用规则极力谋财的掠夺之地、交易之地。

在梅菲尔或汉普斯特德的街道上，我们见证了金钱给城市带来的生动效果——生机、建设以及破坏。即使是古老的庄园也陷入了疯狂的购买活动中，新的地标性项目和核心开发项目不断建成与销售，城市的权力版图也在缓慢重塑。但是，正如我们将看到的那样，阿尔法社区舒适的微观世界以及豪宅，遮蔽了城市更广泛的社会生活和日益加剧的贫困。

3 容纳财富

　　伦敦的阿尔法社区不仅展示了富人的欲望和喜好，还让人深入洞悉了资本的机器是如何驾驭房地产市场的。伦敦的财富与金融经济紧密相连，后者也带来了一个可以容纳富人及其财富的独特的房地产市场。要了解这台创造财富、投资财富以及储存财富的机器，就要知道钱去了哪里以及为什么会去那里。新贵们经常有意识地搬入精英们早已扎根的地区，整个大都市区都能感受到富人的影响。

　　2017年，伦敦售价超过500万英镑的房屋销量达到史上最高（有1400套）。十年前，也就是金融危机爆发前的2007年，伦敦最贵房屋售价为1900万英镑。2016

年，伦敦售出三套单价超过 9000 万英镑的房屋。2018
年，该纪录再次被打破。当时，尼克·坎迪通过一家离
岸公司将自己建造的海德公园一号项目中的一套公寓，
以 1.6 亿英镑的价格卖给了自己。2019 年，肯·格里芬
以 9500 万英镑买下了伦敦的两套住宅，其中一套住宅位
于圣詹姆斯，他用 6500 万英镑买下，然后进行了翻新。
2020 年伊始，一位中国富豪以 2 亿英镑的价格在骑士桥
购入了一套拥有 45 个房间的住宅，创造了有史以来最昂
贵住宅的新纪录。此种超级交易既可以被视为信心的象
征，也可以被视为房地产市场的疯狂。经济学称之为
"博傻理论"（Greater Foot Theory）——不顾一切把钱砸
向豪宅，希望有一天出现更大的"傻瓜"，以更高的价格
买下它。在大多数情况下，购买这些房产是因为它们就
像是战利品，象征着赢得比赛或社会地位。

　　阿尔法房产的销售指数表明，全球顶层富豪所掌握
的财富总量发生了更深层次地震式的变化。金融资本已
转化为有形的、在日常生活和城市中可见的东西——房
产。全球财富精英重塑了伦敦众多传统精英长期居住的
地区，包括贝尔格莱维亚、梅菲尔和骑士桥。一段时间

以来，这里已经变成奢侈品购物、办公室和大使馆的混合区域，甚至连富人都无力或不愿住在这里。而现在，这些地区房地产财富重新崛起，其规模之大令人瞠目。比如格罗夫纳新月街，几乎整条街道都被国际买家抢走，并且重新开发。这些变化表明，新来的超级富豪买房出手之阔绰，已经远远超越了伦敦现有的富人。

在 2016 年至 2018 年间，伦敦有 1000 套房屋以 500 万至 1500 万英镑的价格售出。过去十年里，价值超过 100 万英镑的房屋交易约有 7.5 万笔，这恰好相当于伦敦这个时期房产销售总量的 1%。据估计，这十年里英国财政部通过房产销售获得大约 240 亿英镑税收。如果认为政治和经济利益不涉及房地产，那就太幼稚了，毕竟房地产业为私人代理商和公共财政都带来丰厚收益。伦敦富人买家日益国际化，仿佛一股无垠的"钞票云"正在袭来。这样的房地产市场给人一种虚幻的感觉，但是与伦敦普通人的现实生活却早已脱节，甚至超出了许多伦敦富人的预算。

阿尔法城市的房地产市场里豪宅的售价如此高不可攀，专门为富人新开发的房地产项目如此之多，都给人一种不祥之感，或许因为它可能预示着房地产崩盘即将来临，也就是俗话所说的"矿井中的金丝雀"。众所周知这是房地产市场的"晴雨表"，尽管这种担忧似乎随着保守党重新上台已经消除。但另一件更让人担忧的事情是，这种转变可能会对楼市产生潜在的不稳定影响，因为房价的上涨会蔓延到更广泛的房地产市场。然而，更严重的问题是，随着房地产开发活动只瞄准富裕的国际买家而忽视了中等收入或者有需要的人，房地产开发活动几乎在全系统范围内进行了重新分配。冷静来说，我们可以把富人房产市场看作城市萎靡不振的迹象，而不是全球城市卓越地位的标志。

房屋销售的受益人包括政府（通过房屋销售获得税收）、私人开发商（通过销售获得利润）和房地产经纪人（通过中介销售获利）。所有这些群体都受益于这座城市高端房地产市场的庞大消费循环。房产交易也为伦敦带来了新居民——房价越高，市场就越国际化。房产销售还会产生附带经济效应，开发商、房地产经纪人、室内装饰商和建筑商都会赚到钱。毫不奇怪，房地产经纪人、开发商和金融家都是伦敦这座城市最积极的宣传者，他们认为伦敦能够吸引也必然吸引自由流动的国际资本。

阿尔法社区的超级住宅

对于国际富豪来说，伦敦最吸引人的地方之一是其古典乔治时代和爱德华时代的联排住宅、广场和宫殿式豪宅。富人数量急剧增长使得传统的富人领地已经扩大到内城区和远郊，那里充满了遍布电子安防的别墅、巨型豪宅以及带有门禁的飞地。

世界各地的富人都对伦敦的重要地方如数家珍。切斯特广场（这里没有低于1000万英镑的房屋）、伊顿广场、切恩步道、格罗夫纳广场、公园巷、伯克利广场、主教大道以及肯辛顿宫花园，都是伦敦"一流房产地图"上的热门地点，但本质上，这些地方都被视为面向全球富人的住址。在全球财富精英争夺最有利位置的认知地图上，这些地点都是引人注目的高峰。但富人的微观世界并不是单一或统一的地方，实际上，它们是由受保护的邻里空间和豪宅组成的群岛，并可以识别出超级富豪组成的不同聚落所表现出的微妙差异。国籍、家庭结构、年龄以及特定的敛财方式，都可能决定超级富豪的择居偏好。

贵族的心脏地带

  财富的多寡、家庭的类型、是否有孩子以及与现有社会精英交情的深浅，都是将富人引向城市特定区域的因素。这些因素塑造了富人多元化而非千篇一律的品味，包括对建筑、房屋类型以及城市或乡村地点的不同偏好。俄罗斯富人倾向于市中心，但他们又与内城北部的海格特和汉普斯特德有着历史渊源，因为那里曾是俄罗斯大使馆所在地。阿拉伯人的石油创造了令人难以置信的财富，并敲开了伦敦市中心赌场和俱乐部的大门，故他们在切尔西和梅菲尔享受了四十多年。美国富人倾向于去城市西部的内城，如果为了教育需要则会前往远郊及更远的地方。富有的中国人、新加坡人以及一些中东人则喜欢伦敦西区和泰晤士河滨水地区具有大平层和安保的公寓。当然，这只是大致情况。我们需要把富人看作多元化的群体，他们的品味和兴趣让其成为这座阿尔法城市中与众不同的阿尔法群体。

伦敦许多阿尔法社区以及那里令人惊叹的住宅，都因赋予买方极高的地位而受到追捧。它们的稀缺性通常会使得定价困难，这可能导致多个买家争相购买，从而最终售价存在巨大差异。然而，在最热门的地区寻找最好的房子，富人也仍要考虑上学、购物、服务等日常问题。由于富人通常自己不用工作，而是由资本为其工作，所以显然他们买房最不需要考虑就业机会。从根本上看，住宅的区位优势就是最奢侈的品质。

这些不同的因素意味着，富裕的企业家找房的偏好完全不同于寡头或者中东的超级富豪王室成员，后者只是找个每年待几周的避风港而已。富豪找房的动机不同，于是形成了多样化的住宅地景。无论是南肯辛顿和切尔西富有生机和文化气息的空间，还是大部分滨水区看似毫无生机的新公寓楼和空旷广场，尤其是沃克斯豪尔的九榆树地区（Vauxhall Nine Elms），似乎为全球富人进入伦敦提供了显而易见的安全基地。要了解这种景观，我们需要一本实地手册，为不同偏好、不同国籍和不同背景的富人了解城市特定区域提供指南。

阿尔法社区在城市中形成了独特的社会马赛克，每个街区都因为居住人群不同而各具特色。第一个，也许也是最重要的一个群落，我们可以称之为贵族的心脏地带。这里是传统的伦敦西区（London's West End），也是大多数人对伦敦富人的印象。这里是公认的富人和名人的家园，也是一个充满竞争和变化的地方：因为更阔气的新富住进来后，久居于此的本地富人感觉自己好像遭到了排挤。它的中心地带无疑是伦敦富人长期占据的宏伟街区，紧靠着大使馆、诱人的餐馆、马厩式洋房以及独一无二的尖货商店。

伦敦西区长期以来一直是英国贵族、地主和富人的领地。大约自 1970 年代开始，来自中东、欧洲和中亚的新富豪开始挑战英国人在这个地区的统治地位。这里灰泥外墙的联排住宅形成了贝壳状的边界，在它背后可以找到更私密的马厩式洋房和舒适的后街。这些小联排住宅原本是富人的仆人和马匹居住的，但是现在也变成富人住所，甚至可能住着超级富豪。在阿尔法社区中心地带，长期生活的富人也夹杂在混合社区里，1970年代居民在该地区房价相对便宜时购买了房产，这就使得这些地区不仅仅是超级富豪的专属领地。许多居民都很重视这种社会构成的多样性，尽管有时候这种多样性可能被夸大了。

贵族中心地带，在布隆普顿路或斯隆大街等游客络绎不绝的街道，或更宁静的梅菲尔芒特街、伯克利和格罗夫纳广场，随处可见定制服装店、精致香水店和举止自信的富人。这是公认的伦敦富人区，人们通常参观哈罗德百货商场美食专区或福特纳姆和梅森（Fortnum & Mason）百货商场路过于此。在这里，随处可见自拍的游客、穿着皮草大衣的富人、时尚人物，以及牵着小宠物狗、穿着定制时装的人。在附近，可以看到司机把光鲜亮丽的富人送到商店、餐馆和酒店。然而，仅仅退后一两条街道，就会发现许多林荫大道、联排住宅和广场都笼罩在一片寂静之中。

漫步于此，可能很难相信这里位于首府的绝对中心。这里唯一的生机就是来来往往的服务人员——运送食品和各种家居用品的货车司机、清洁工、私人保安、管家、仆人、保姆、锁匠、评估新委托项目的室内设计师、陪跑的私人教练、美发师、美甲师、园丁、遛狗师，他们都是令富人生活更加舒适所必需的群演。

随着全球和英国富豪队伍的扩大，新富阶层的涌入加深了这个地区的私有化程度——骑士桥可能会挤满世界富豪，但遍布哈罗德百货商场背面后街的"本土"酒吧却门可罗雀。梅菲尔的居民抱怨隔壁房子空荡荡，他们不得不去其他地方寻找更多的生活乐趣，这一切都让人觉得"睦邻友好"在阿尔法社区难觅其踪。

这些地区住着新的企业领袖、金融家、白手起家的富人、如今相对较少的真正属于超级富豪的贵族，以及包括银行家、会计师和政客在内的富裕支持者阶层。这里将这种力量感具象为石头和灰泥。伊顿广场也许是这种风格和氛围的典范：对称、自信、有良好的教养。这正是全球富人在伦敦买房时心目中的理想之地。

　　贵族中心与另一个阿尔法社区重叠的地方被称为超级地带。这与其说是个社区，不如说是一个个由大型新建豪宅组成的岛屿，相当于21世纪的伦敦西区的古老宫殿。尽管它们大多是公寓楼，房价却高得吓人。这些房产就像是一堆堆宫殿嵌在如艺术品般的多层建筑群中，满足富人对金钱、隐私以及安全的需求。这些新建建筑在贵族中心地带形成了宏伟豪华的建筑地块，也是伦敦传统富人区中新兴超级富豪的典型标志。这些新开发项目都建造在公共土地上，或者置换了已改建或重建的老旧大型建筑。很多建筑都是由特立独行的开发商建造的，往往有国际资本支持，建筑内部的浮夸与通常朴素得像地堡一样的外观截然不同。

　　海德公园一号就是房地产开发商推动新富精英进入伦敦传统富人领地的好例子。上一章已经说过这个故事始于坎迪兄弟，他们俩就像资本主义童话书中的二人组。他们的崛起始于与卡塔尔的迪亚尔房地产投资公司的会面，这是一家主权财富基金投资的公司，旨在投资全球土地和房地产资产，以确保日后能源枯竭之时卡塔尔的国家未来。卡塔尔的投资帮坎迪兄弟购买了靠近哈罗德百货商场和海德公园的一块已经空置好几年的土地。因此，可以说海德公园一号是一座用天然气建造的房子，这听起来似乎有些不幸，但是坐拥此项目的开发商据说赚到了 10 亿英镑。海德公园一号项目最便宜的一居室大约要 400 万英镑；在附近的酒店住一晚大约要 600 英镑。海德公园一号的每个住宅（千万不要称其为公寓）都有防爆窗户和与街道同高的玻璃墙，大楼的大门由经过特勤人员培训的工作人员把守。它还通过地下通道和物资供应走廊与邻近的五星级酒店文华东方（Mandarin Oriental）相连，以方便为那些难得来此小住的富豪提供定制服务。

海德公园一号的整体美学效果被形容为"年轻的阿拉伯独裁者"。像许多超豪华开发项目一样，它提供一系列比外面更加高级的公共服务和设施，例如地下停车场、电影院、水疗中心、葡萄酒室、会议/多功能厅、高尔夫练习器以及不太可能出现的图书馆。有些住宅还配备了避难室。再加上福特纳姆和哈罗德百货商场向这里提供送货服务，富人根本不需要离开这个金碧辉煌的大院，只需在高高的露台上俯瞰海德公园的美景便可享受一切。如果按照 1.1 亿英镑标价申请抵押贷款去购买这里最贵的一套公寓，那么每月要偿还 46.9 万英镑（假设按照 1100 万英镑的押金，25 年期的抵押贷款利率为 3%）。在这里生活一个月就要花费大约 14000 英镑的服务费，接近英国人的最低年薪（15000 英镑）。当然，这些数字掩盖了买家手持现金前来的事实。

在"超级地带"之后，排名第三的阿尔法社区通常被称为"伦敦黄金地段"，包括温布尔登、汉普斯特德和海格特等地区。这些城市内郊区最初是 19 世纪伦敦扩张时形成的城市外围边缘。虽然这些地区一直住着富人，但过去十年也是大变样。为富人建房、向富人卖房使得无论是这里还是贵族的心脏地带，充斥着建筑施工、货物运输、噪声污染，18 世纪和 19 世纪的住宅、联排别墅也都被围起来翻新改建。

位于荷兰公园的波特兰街就是典型的伦敦黄金地段，目前它仿佛一个移动的建筑工地。随着超级中产化的前线不断延伸，完美的住宅慢慢浮现。波特兰街到处都是建筑工人、装修工人、木匠和其他工人，他们围着传送带砸墙挖洞，将土石从地下挖掘出来。沿着路再往前走，集聚着一些挂着"欢迎光临"招牌的精品商店，它们热情地帮助富人们减轻金钱的重担！在这里，关于恼羞成怒的邻居检查墙体裂缝的报道比比皆是，就像伦敦其他地区一样，这里也受到了无处不在的挖掘施工带来的影响。

尽管现在诺丁山和荷兰公园稳居伦敦黄金地段的榜首，但在过去几十年里，它们的人口和财富都已发生变化。如果你看过安东尼奥尼导演拍摄的电影《放大》（*Blow-up*，1966 年）或者后来的电影《过客》（*The Passenger*，1975 年），就能瞥见这些地方作为低俗角色和艺术场景美学的破败背景出现。

伦敦常常被描绘成一个令人兴奋的城市，品味和群体不断变化，同时道德观念也在迅速变迁。电影中出现的兰斯当新月街（Lansdowne Crescent）等中上阶层的高大住宅有些显得破旧。而这样的街道为背景，却可以很好地展现当今伦敦在大肆敛财之后的派对氛围。

温德姆·路易斯①曾经把兰斯当新月街描述为"丧尸岭"（Rotting Hill）。今天走在同一条街道上，似乎很难想象它早先的衰落。如今只能看到翻新后的高档住宅、霸气的豪车和穿着休闲却时薪高昂的司机。仿佛这个地方理所当然地回到了它原始主人的继承人手中。这种阶层归还和重新占有的过程，最初发生在1980年代和1990年代的中产化过程中。最近，购买该地区房产的人都是社会顶级精英，其中有些人在金融化过程中暴富。大型住宅楼（有些高达7层楼）已经从分户的公寓变成了独户住宅。与戴维·海明斯开着随意塞满艺术品的敞篷捷豹车不同，现在这里更有可能透过深色玻璃的车窗，隐约看到奔驰G级越野车司机的轮廓。

为了迎合新贵的艺术和生活方式，阿尔法社区被拆除、重建、更新的房屋随处可见。伦敦到处都是新建的、更深的地下室和作为电影院、仆人房甚至车库的扩

---

① 译者注：温德姆·路易斯（Wyndham Lewis，1884—1957），英国作家和画家。他是漩涡画派的创始人，该流派由一群后印象主义画家和作家组成。路易斯是《爆炸》（1914—1915）等实验性杂志的编辑。路易斯的作品，包括小说、评论、哲学研究和政治宣传册，都充满愤慨和讽刺的智慧。

建空间。有人曾经试图探测这种地下景观，结果令人震惊不已：仅在伦敦最富裕的七个行政区就建造了近5000个地下室。[①] 在伦敦的黄金地段能亲眼看到带地下室的住宅改造项目正在挖掘施工，而这种情况时常遭到长期居民的强烈抵制。内涝、沉降、墙体裂缝、噪声和工人成年累月地挖掘新地下室的行为实在令人厌烦，这使得新建地下室成为许多富人厚颜无耻的明显标志，而安保、优秀的律师以及规划顾问则进一步加厚了他们的脸皮，以捍卫他们雄心勃勃的房屋扩张计划。

在伦敦内城区的北部，最引人注目的阿尔法社区就是连接海格特—汉普斯特德山脊的富人区。这里的山势地形与高大的房屋一并将穷人阻挡在外。就像当年的一系列村庄那样，从山上可以欣赏到城市全景，俯瞰山下不断发展的大都市。山脊上豪宅、公园和绿树成荫的住宅街道交织在一起，形成一幅轩昂的景象。这些伦敦黄金地段长期以来一直被城市上层阶级所占据，但在传统

① 索菲娅·鲍德温（S. Baldwin）、伊丽莎白·霍尔罗伊德（E. Holroyd）和罗格·伯罗斯（R. Burrows），《绘制伦敦富豪的地下地图》（*Mapping the Subterranean Geographies of Plutocratic London*），工作论文，纽卡斯尔大学，2018年。

超凡领土：克拉吉斯，梅菲尔

上，它们就像内城的切尔西一样，是思想家、艺术家和家境殷实的波希米亚人的聚集区。

组成黄金阿尔法社区的都市乡村，其魅力在于它们靠近市中心、空气清新、房屋气派。然而，这些建筑大多已被改造或者被摧毁重建，这让长期居住在此的居民和地方保护协会非常愤怒。他们加入了一场旷日持久的战斗，以防止地方历史被金钱抹去。随着社区人口的日益国际化，偏执的新暴发户显然已经使这里的房屋和街道进一步安保化。

在威坦赫斯特住宅坐落的海格特村中心可以看到这些备受颂扬的转变。这里是 20 世纪初肥皂大亨阿瑟·克罗斯菲尔德的财富化身。正如前文所述，威坦赫斯特住宅号称是"仅次于白金汉宫的首都第二大住宅"。新来的富豪躲在雄伟的门房后面，或是住在配有私人安保人员的大房子里，他们几乎为所欲为，看上去既要修复又要摧毁这些难以形容为"家"的房产。阿尔法区的住宅就像国际财富的仓库，这些令人头疼的豪宅突显了业主的财富，也抑制了他们融入社区生活。

过去海格特吸引了很多有钱的名人，像裘德·洛、凯特·莫斯、乔治·迈克尔和利亚姆·加拉格尔等。有趣的是，这里的名人在社区里的可见度和存在感都较高。而新来的国际富人却生活得更私密和低调，这让当地人对地方不断改变的文化感到惋惜。随着投资增加，公共资产也在流失，比如学生宿舍现已卖给房地产开发商。最终导致一个富有而生活条件优越的地区慢慢失去了舒适的氛围，变得日益沉闷，缺乏信任和社交。

沿着下行道路回到市中心和泰晤士河边，来到了城市的河湾地带，也就是滨水阿尔法区。这是由城市沿河线性发展形成的，占据了泰晤士河蜿蜒穿过伦敦内城的大部分滨河岸线。这里可以说是最国际化、最新的富人区，主要住着来自世界各地的中上层富豪，也是离岸公司匿名收购房产的集中地。日落时分，泰晤士河被这些巨大的新公寓楼外墙上玻璃幕墙的倒影所照亮，而这里几乎所有建筑的形式都一模一样。

从改造后的沃克斯豪尔地铁站向西走，可以看到正在建设的艾康大楼（Aykon）的雏形，它有 50 层，共 450 套公寓，售价从 100 万到 300 万英镑不等。广告吹嘘说，这个项目建筑的所有内部装修聘请了范思哲的设计师，这也是对整座建筑进行品牌化设计的首次尝试。艾康大楼有一整层楼专门用于儿童游乐，在宣传中他们强调其无与伦比的空间和设施。实际上，这里的其他开发项目也提供了类似的空间和设施。有人批评新建高层建筑在建设时没有考虑到社区或实现地方感所需的因素。

河畔之地

这种批评真是太幼稚了，这些新开发项目哪里是为一小群新居民而建，它真正功能在于帮助城市吸引并容纳全球投资资本。

沿着河滨往前走，我们会经过圣乔治码头（St George Wharf）。这是一个混合用地的开发项目，建于2007年，大约有1400套住宅。残酷的是，它曾两次获得《建筑师杂志》选出的"世界最差建筑奖"。伦敦这一地带的美学越来越受到外来资本需求的支配，它更像是一个投资和现金增值的地方，而不是宜居家园。这些由超级富裕的国际投资者所塑造的河畔之地，是一个由植入钢筋的模块化单体堆叠而成的超级公寓楼。从许多方面来说，这是一个由超级富豪的代理人建造的景观，为富人投资者和那些规划城市未来的人而建，看起来仿佛资本的邪恶天堂。最终，这里被打造成了一个远离社会的奇异空间，一个为迎接超级富豪而建立的超脱于世的乐园，而他们也是引领以房地产为导向的城市化的先锋。

在圣乔治码头的住宅下面，可以看到混凝土外壳中的连锁咖啡店、餐馆和"伦敦"酒吧。其中有一家国际房地产中介机构，闪烁着一个巨大的霓虹灯招牌，上面写着戈登·盖柯①式的口号——"房地产让世界运转"。令人不敢不苟同。但是，城市生活的铁律创造了一种风起云涌、令人不安的景象，与许多新兴开发项目所宣传的充满活力的社区生活似乎截然不同。圣乔治码头也许还不是阿尔法区，最多是粗俗的新伦敦人进入的前奏。沿河再往下走一两英里就到了切尔西桥，这里是河岸风格的缩影，也是高楼林立的阿尔法区，高楼之间形成的多风微气候是连接建筑物的唯一特征。

圣乔治码头大厦（St George Wharf Tower）高达594英尺，是许多人从未听说过的最大的塔楼。它巨大的高度被其微小的占地面积所掩盖，它的底层电子门后有一条短车道，地面上的洞口是地下停车场的入口，建筑基地虽然小但很整齐。外国买家占这里业主的三分之二，其中许多人长期不住这里，许多单元也是通过离岸公司购买的。据报道，寡头安德烈·古里厄夫在圣乔治码头大厦的顶层公寓里安装了一整座俄罗斯东正教教堂。

再往前走一点，就是大使馆花园新公寓的展厅，展

———————

① 译者注：电影《华尔街》中的投资家戈登·盖柯，曾提倡"greed is good"（贪婪是好东西）。

厅空间巨大，里面摆满了大型模型、沙发，还有几个工作人员。这里有麦芽威士忌和现磨咖啡可供看房人享用。项目的宣传册称这里将是一个崭新的多元化社区，不过很难想象一套一居室公寓起价就是 70 万英镑。由于新的荷兰大使馆毗邻美国大使馆，推销者承诺这里将是"一个真正的全球社区"，或者也称为"新地缘政治区"。

这种声望和地位感在大使馆花园开发项目的一些关键特征中得到了强调，例如空中游泳池和屋顶花园，这些新的空间被打造为富人逃离城市的地方，如娱乐室和散步线路。空中游泳池由具有超级承载力的透明亚克力材料制成，在两座住宅楼之间形成了一座液体桥。池中容纳了 50 吨水，距离地面大约 110 英尺，就像一个巨大的透镜，富人可以从这里俯瞰城市。于是，人们在脑海中便浮现这样一种景象：国际富豪们在一连串高层豪华公寓的屋顶上狂欢，就像巴拉德小说中的想象。这里的建筑深刻诠释了全球自由流动的资产阶层对伦敦的占领。

这些重要的阿尔法开发项目提供了一个私人的、俱乐部般的景观，里面有酒吧、会议室、水疗中心、电影院和屋顶花园。这些设施常被作为远离城市的避难空间，富人们可以在其中与自己的同类交流。在大使馆花园，新建房地产项目丰富多样的特色似乎为周围贫瘠的社区增添了活力，或许也是在回应美国大使馆戒备森严的堡垒所产生的不安气氛，那里不仅有手持冲锋枪的警察在巡逻，还有清晰可见的闭路电视监控塔。

沿着河边继续向西走，道路被巴特西发电站（Battersea Power Station）重建项目的围墙挡住。在这里，发电站外立面之宏伟仍令人敬畏。巴特西发电站的吊塔和众多起重机标志着资本回流的浪潮，重新冲刷着现有建筑环境，在伦敦房地产开发的热潮中寻找价值洼地，重新整合并创造价值。然而，若非资本重新激活了这座休眠已久的前"能量圣殿"①，这座建筑将仍如一具"僵尸"。有人认为，许多尚未完工就被疯狂卖出的公寓，要么没有售完，要么给早早入手的人造成亏损。如今，该项目重生为一个集豪华住宅、零售和办公于一体的综合体，给人带来一种美国硅谷般的工业气候。来这里买房

---

① 译者注：巴特西发电站，建于 20 世纪 30 年代，原为伦敦一座火力发电站，被誉为"能量圣殿"，1975 年 A 机组停止发电，1983 年 B 机组停止发电。

的人似乎都不差钱，根本不关心市场低迷的风险。这或许和传闻一样，正说明了伦敦房地产市场失灵的现状。

巴特西发电站大楼于 1970 年代开始退役，直至 2011 年马来西亚主权财富基金介入，这是伦敦市中心最后一块主要的开发用地。未来将告诉我们，这里是会成为伦敦的新科技谷（苹果公司仍会成为主楼的主要办公租户），还是会成为一个在糟糕的时机进行外国投资的愚蠢教训。该区有 2.5 万套住宅单元，只有 600 套被指定为经济适用房（如果按市场价格的 80% 计算，这本身就是一个笑话）。即便如此，前市长鲍里斯·约翰逊还是把这个数字形容为"负担"。

从九榆树项目望向伦敦东区，可以看到河岸边鳞次栉比的新塔楼，宛如一面明亮的玻璃墙，掩映着成片的公共住房、铁路、残存的小餐馆以及老式联排住宅。这里就像死鱼一样，豪华的高层开发项目熠熠生辉，却也散发着恶臭，这是以投资为中心的规划协议以及与城市普通民众需求脱节的住房体系所产生的气味。这就是资本的贡献，全然不顾任何公共使命或公共意义，只要能够多赚一块钱，咄咄逼人的开发商就会把公共住宅或经济适用房视为独角兽产品。这里的街区既有高档住宅的外观，又有迪拜土豪的风格。

最后一个阿尔法社区是由更分散的住宅和社区构成的郊区飞地，主要是城市西部的外围地区，其中科巴姆、埃舍尔、杰拉德十字以及更远的亨利镇最为突出。在这些超级富裕的城镇和村庄中，许多地方历史上就是富人聚居地，现在居住着越来越富有的居民们。这些地区位于伦敦通勤范围，但是外观和感觉上却或多或少都是郊区。这里有极好的收费学校，也有限量款服装精品店、葡萄酒商和定制商品店。

这些郊区飞地是封闭且舒适的，有私人高尔夫球场、大得离谱的行政住宅、晚宴会场和成串的封闭社区，保护着超级富豪中的焦虑者。在他们周围生活的还有演艺界和传媒界的人士，以及一小撮贵族。这是一个由新旧富豪组成的碎片化和社会多元化的场景，有时会因为房屋扩建和规模过大的重建而产生纠纷。伦敦市中心保护区的扩张方式是向下挖洞，而郊区飞地的房屋则通常是向外扩张。

在科巴姆镇中心，有个小型的马赛克纪念碑标志着

郊区的隐匿之处

"掘土派"① 曾存在于此。正是他们在 1649 年将平等的愿景带到附近的韦布里奇圣乔治山。这感觉像是一种不和谐的并置——过去是"掘土派"渴望人民同耕共种、共同繁荣的美好理想，而现在这里以及其他超级富裕的城镇则是各自占领并严防死守私人土地和家苑。这些飞地可以被描述为"伦敦的柴郡"，或者说奥尔德利边缘

---

① 译者注：掘土派（Diggers），17 世纪英国资产阶级革命时期的空想社会主义派别，又称真正平等派。该派主张把土地交还给人民，人民共同耕种、共同生活；要求社会政治平等、财产平均，消灭土地私有制；反对使用暴力。

是柴郡的科巴姆镇，也就是一个展示财富的地方，这里充满了各式超大豪车、黝黑皮肤的足球运动员、暴发户以及被类似乡村和社区吸引的国际富人。但更多时候，这里是个令人紧张的地方，到处都是门禁和电子眼。

如果有人在这里停留时间过长，道路上的大门就会打开，它告诉你：你不住在这里，也不属于这里。游客也被视为潜在风险。这可以说是阿尔法社区里最私密的景象，有站岗的警卫、私人安保巡逻车、威胁性标牌，还有服务人员，他们来来回回地穿过超级豪宅的大门。所有的这些都让人感觉到，这里只属于极少数人。

占据伦敦西区

富人对伦敦住房市场的影响远远超过了他们居住或购买的房子。他们不考虑经济性地注入大量现金，抬高了住宅市场的价格。住房市场曾经一度面向小富人群，但随着时间推移，他们的后代却被挤出市场。这已经产生可以量化的涓滴式经济影响。简单来说，它是一种鲜为人知的隐形税，但由于过热的房地产市场和过高的房价，所有伦敦人都要为此付出代价。据计算，伦敦每户人家为此平均支付了大约 3 万英镑。[①]

　　拥有奢侈品的逻辑不仅在于你值得拥有它们，还在于你有而别人没有。谁真的想当第二名？当拥有无限的财富时，谁想看到自己拥有的东西、驾驶的车辆或居住的房子别人也有呢？经济学称这些为"位置商品"（Positional good），稀缺性或独特性赋予了拥有者一种社会地位，能否获得它取决于你拥有的资源，或许还需要一点运气。

　　许多社区的人口大致是稳定的，最富裕地区的房产很少出售，这更加突显了房产作为位置商品的地位。事实上，一房难求直接导致了房屋售价过高。对于想要追求身份象征的富人来说，购买一套稀有且完美的房子十分关键。只有伊顿广场、海德公园一号、威坦赫斯特的房屋属于位置商品。

　　"最好"街道上的房子比起其他地区类似面积的房子溢价很多。过去十年里，房价起初似乎在金融危机后

---

① 菲利帕·萨（F. Sá），《外国投资者对当地住房市场的影响》（*The Effect of Foreign Investors on Local Housing Markets*），伦敦经济学院，2016 年。

世界经济的低迷中失去了参考价值；随着国际买家对房产产生兴趣，房价迅速回升，这显示出富人投资房地产的决心。事实上，令人奇怪的是，顶级富豪的财富不仅没有受到全球金融危机的影响，反而迅速增长。这意味着，他们有足够的现金来购买任何看起来已经成熟的资产。上次大选结果刚公布，伦敦市中心一套住宅立即以6500万英镑的价格卖出。

房地产市场的国际化将政治、房地产和金融等不同领域的利益联系起来。结果激励了参与房产建设、销售和融资等不同领域开发活动的人们，以及围绕这些过程的经济与监管环境。当然，房地产也为推动者带来了回报。这种占领城市的方式是谨慎的，政府管理部门努力创造一个亲商和亲资本的投资环境和建设环境。尽管2014年提高了房产销售印花税，但伦敦仍是全球房产税最低的城市之一。

房产一直是资本入侵和占领伦敦的主要手段之一。由于政府疏于对购房者的严格调查和管制，富人有可能无限制购房。坐拥无限资源的富人可以购买远超实际需求的房产，这种过度消费既反映了全球富人的巨大财富，也反映了他们新财富的来源。但更重要的是，富人的选择代表着寻求安全赌注的资金流。正是房地产中介和富人雇佣的房地产买家引导着资本流向这些阿尔法之地。因利而聚，资本只向全球少数几个"幸运"的城市聚集。

实际上，伦敦的房地产体系运作是由政治管理的，旨在让资本和持有资本的人受益。它得到一套理念的协调和支持，这些理念将市场和私有财产视为城市经济成功和充满活力的基础。因此，高价住宅的超前消费助长了资本对城市的巧妙攫取。至于这样的财富列车能否继续或者是否应该继续前行，则是另一个问题。历经不确定性因素之后，政治的前进方向指向了宽松的监管环境、低房产税以及将伦敦视为投资和富人聚集地的愿景。

4 犯罪，资本

伦敦的光环令人不安。它通明的灯火、华丽的建筑以及富人无与伦比的生活方式都与全球经济的暗箱运作联系在一起。伦敦在接受数十亿英镑的非法资本方面扮演着重要角色，更不用说近年的多起丑闻和渎职罚款了。这些非法财富大部分属于超级富豪，并由他们的代理人代为管理。这些代理人又在金融和房地产市场上投机，仿佛伦敦是个巨大的资本赌场。非法资产成群结队地流入合法的地方，在这些地方投资迅速漂白，却很少有人质疑，而这些投资又重建或建立了声誉，从而进一步获得盈利。

伦敦依然是富人洗钱、洗脱罪名和净化良心的好地方，是非法资本的主要目的地。这座城市为洗钱和金融犯罪提供了最先进的生态系统。由于非法资本的流动几乎没有被监管或被治安当局关注，伦敦作为一个复杂的政治、经济和社会系统，有效地将非法财富作为支撑其经济活力的手段。

脱缰之马的秘密通道

长期以来，全球顶级房地产市场一直是非法资本的"后门"，但直到最近新闻媒体报道富人的不法行为才逐渐被揭露出来。现在我们经常能从调查记者那里听到关于伦敦成功原因的负面消息。伦敦阿尔法社区的光芒吸引了世界最富有的人，无论其财富是通过正当还是不正当的方式获得的，都是如此。事实上，如今非法财富的洗白在很大程度上支撑了阿尔法房地产市场的过度繁荣，也成为这座城市社会、政治和经济体系日常运作的一部分。这意味着当合法财富和非法财富同流合污，城市大众就会受到损害，正如我们稍后将看到的那样，城市必将任由富人和财富罪犯摆布。

以阿塞拜疆国家银行前任董事长的前妻扎米拉·哈

吉耶娃为例。她的财富来自其前夫在国家银行非法侵占的资金。2009年，她通过一家在英属维尔京群岛注册的空壳公司，用1150万英镑在伦敦骑士桥买了一套房子。该案件被劲爆地披露了，过去十年扎米拉·哈吉耶娃在哈罗德百货商场豪掷了1600万英镑，平均每月花10多万英镑，真是骇人听闻。2018年，扎米拉·哈吉耶娃的房子升值到1500万英镑，这是一笔不错的投资，房屋就是非法财富的有效存储库。据估计，在过去的十年里，伦敦类似事件还有成千上万起，而大众长期对此一无所知。这只能说明，为了让来路不明的资本轻松流动，城市的无声运作竟然到了如此地步。

正如诺埃尔·考沃德[①]曾形容伦敦的那样："建筑越高，道德水准越低。"这句话也许从未像现在这样正确过。伦敦深度参与洗钱活动，不仅促进对犯罪财产的保护，还推动并维持许多新建阿尔法项目的开发，同时抬高了老牌富人区的房价。如今，在高档酒店的酒吧里，人们可以听到这样的对话：伦敦房地产市场很大程

---

① 译者注：诺埃尔·考沃德（Noel Coward, 1899—1973），英国演员、剧作家、流行音乐作曲家、导演、制片人。

度上就建立在这样的犯罪资本之上。伦敦允许为犯罪财富洗钱已成为公开的秘密，但我们需要思考此事更广泛的影响。当一个城市的政治和经济生活的核心部分受到国际犯罪经济的支持时，会对城市产生什么影响？

许多房地产交易监管存在洗钱和不当行为，这让伦敦更像电影《星球大战》（*Star Wars*）中的边境酒吧，而不是为了掩盖背后腐败而坚持宣扬的正直传统形象。因此，为了充分理解金钱对城市的占领，我们需要理解金融和住房系统如何让大量非法资金的流动和隐匿成为可能。

许多专家认为，伦敦为洗钱和金融犯罪提供了世界上最先进的生态系统。之所以出现这样的情况，是因为有一系列的助纣为虐者帮助了不法之财以及富人的不法行为。此外，许多银行、房地产中介和律师的日常业务模式也与接待富人罪犯，并帮助他们隐藏资产的过程有牵连。伦敦的许多政治和商业从业者都因作为非法钱财的仓库而身染丑闻。

大多数阿尔法社区都拥有大量通过匿名离岸公司购买的房产，这些离岸公司经常被用来隐藏非法财富。例如，威斯敏斯特的任何一条街上，平均每十户房屋就有一户是离岸公司持有的。这意味着购买这些房产的资金来源和房产所有者都不为人知。英格兰大约有1220亿英镑的房产以这种方式被持有，超过了威斯敏斯特和伦敦金融城所有房产的价值。[①] 根据政府数据，离岸公司目前在英格兰和威尔士拥有约 10 万处房产，其中近一半（44000 处）在伦敦，仅骑士桥的卡多根广场就有 134 处。[②] 在伦敦西区和其他豪宅的背后，是房主越来越张扬的罪行。

离岸投资

---

① 马泰奥·德西蒙娜（M. De Simone），《家门口的腐败：腐败资本如何被用来在英国购买房地产》（*Gorruption on your Doorstep: How Corrupt Capital is Used to Buy Property in the UK*），透明国际，2015 年。

② 全球见证，2015 年秘密财产数据库。

2018 年 4 月，英国广播公司（BBC）的《全景》（Panorama）报道显示，用可疑财富购买的价值约42亿英镑的房产集中在白金汉宫 3 英里范围内，尤其是在伦敦肯辛顿和切尔西。这种体面与堕落的并存似乎是阿尔法城市的共同特征。匿名的业主、空置的房屋和虚高的房价都清楚地表明，伦敦已经成为非法资本的主要受益者。尽管公众和政界时常感到愤怒，但由于缺乏监管和警力，非法资本的"伦敦号"列车还是畅通无阻地向前驶去。包括律师、银行家、会计师和房地产经纪人在内的许多人，不知不觉已登上了这列列车。

一波又一波的非法资金涌入伦敦，使那些希望放松管制犯罪的群体形成了利益联盟。就连政府本身也牵扯其中，房屋销售印花税产生的巨额公共收入不但没有使政府加强监管，反而刺激了不作为。事实上，任何对富人罪犯的监管和起诉行动都进展缓慢。直到 2018 年 2 月，英国才签发了首个"不明财富令"（UWO），涉及两套总价值为 2200 万英镑的住宅。它们虽然不是最昂贵的阿尔法住宅，但是意义重大。

银行、律师和房地产中介每年会提交大约 50 万份可疑活动报告（SARs），以此证明买家可能携带非法或可疑现金来到伦敦。不过，房地产中介似乎对此不感兴趣。在2017年提交的63.4万份可疑活动报告中，只有极少的766份来自房地产中介。2018年，英国国家打击犯罪总局（National Crime Agency，NCA）表示，在扎米拉·哈吉耶娃案件之后，他们正在调查另外100起"不明财富"（UWOs）。但这仅仅代表了冰山一角，有评论人士估计，大约有400万至500万买家、卖家以及表示感兴趣的人应该被调查。显然，伦敦针对洗钱的监管机构仍然严重不足，无论资金来源如何，公众依然幻想所有投资都是好投资。

美丽的地下密牢

城市可以隐藏罪恶。伦敦阿尔法区的蜂窝状隔墙掩盖了其中许多非法房屋买卖。这座城市就像一个美丽的世外桃源，是犯罪资本的首选目的地之一，因为这里不需要追究财产来源，而财产主人的舒适生活却至高无上。这里的诱人之处在于，在一个超级富豪的尘世天堂里，可以忘记劣币驱逐的良币的后果和代价。但是这些后果仍然存在，因为伦敦是全球资金、"黑手党"式犯罪网络、国难财、腐败之财汇聚的深渊。

一旦金钱流向并藏在阿尔法区的房地产中，它的来源就几乎看不见了。从俄罗斯到中国，中东、远东，以及其他地方，在岸金融帮助富人们打造了一个以伦敦为基的离岸世界。这个由离岸资金和本地帮凶组成的城市是个复杂且令人无法理解的自动机器，其结果是，这个系统毫无疑问地将滚滚现金带入城市。

事实上，多年来大量的犯罪财富一直在伦敦四处流动。但长期以来很少有人知道它，更少有人关心它，因为这个城市就是一棵摇钱树。最近在维基解密①出现了关于洗钱的议会听证会和众多独立调查，像是一束光照亮了私人金融机构和富人罪犯的黑暗操作。例如，透明国际②的研究显示，超过 700 家英国公司卷入 52 起、涉

---

① 译者注：维基解密（WikiLeaks），通过协助知情人让组织、企业、政府在阳光下运作的、无国界、非营利的互联网媒体。

② 译者注：透明国际（Transparency International, TI），一个非政府、非营利的国际性民间组织，1993 年由德国人彼得·艾根（Peter Eigen）创办，总部设在德国柏林，以推动全球反腐败运动为己任，已成为对腐败问题研究得最权威、最全面和最准确的国际性非政府组织。

及总额超 800 亿英镑的全球洗钱丑闻。尽管越来越多人意识到这座城市的中心地带已经腐烂，但或许是为了防止在不确定的全球经济中这种稳定的现金流被切断，历届政府都认为没有必要太过于道德化。愤世嫉俗的人可能会说，只有当利用房地产洗钱的问题与对俄罗斯人在英国的负面影响的普遍焦虑结合在一起时，特别是在2018 年斯克里帕尔事件①后，这种情绪曾激愤一时。然而，这种政治上的愤怒也很快消退了，新政府对犯罪财富的议会报告仍然置之不理。

近年来，有关银行系统内欺诈和犯罪活动的报道层出不穷。过去十年，仅监管机构开出的罚单总额就超过1000 亿英镑。内幕交易、PPI 丑闻、操纵伦敦银行同业拆借利率（LIBOR），此类活动几乎是屡禁不绝，更不用说给人们的生活和生计带来毁灭性打击的金融危机了。与之同时，西装革履且高效的代理人和律师帮助了

———————

① 译者注：2018 年 3 月 4 日，受英国庇护的 66 岁俄罗斯前特工斯克里帕尔及其 33 岁的女儿尤利娅在英国索尔兹伯里中毒。英国政府方面因此指责俄罗斯与此事有关。尽管俄罗斯坚决否认英方的指责，但随后该事件引起了俄罗斯与西方外交关系紧张，双方互逐外交官。

咄咄逼人的离岸企业，保护他们免受法律监管监督。非法资金继续被用来购买房产，却鲜受审查和监督。

洗钱是为了隐藏非法资金或不诚实劳动收入的来源或去向。它的来源可能是贿赂、政治捐款、未税财富、通过组织犯罪盗窃的实体公司、挪用资金或其他各种犯罪所得。如果金钱可以成功投资房地产或艺术品等资产，那么就可以储存这些犯罪资本，日后再通过合法出售资产而洗白。英国每年总计约有 1000 亿英镑的资金被洗白，所以再怎么强调伦敦房产作为非法资金的洗钱池也不为过。全球非法经济的规模和离岸避税港的使用如今正受到更严格的审查。2014 年，英国《金融时报》通过查阅伦敦房屋销售的土地登记记录发现，在伦敦的 3.6 万套住宅中，富人持有保密管辖区范围内的房产总价值达 1220 亿英镑。

过去十年里，所谓的"黄金签证"已经让成千上万的人进入了伦敦，这让人们对这座城市充满阴暗的、犯罪的业主的印象大打折扣。之前提到的扎米拉·哈吉耶娃就是拿"T1 签证"[①] 的投资者之一，她给英国带来

---

① 译者注：英国 T1 签证是投资签证。

200 万英镑甚至更多钱，是 2008 年至 2015 年间由英国政府签发 T1 签证的 3000 名投资者之一（其中大约一半是中国人，四分之一是俄罗斯人）。尽管这种签证制度产生了巨大的破坏性影响（尤其是在赤裸裸敌视移民和难民的时期），但它依然存在。而且政府和法院对监管问题或犯罪量刑的松懈反而强化了一种不良印象：有钱可洗总胜过两手空空。

"隐私"继续被用来为空壳公司和信托的使用做辩护。众所周知，大量富人犯罪分子为了隐藏赃款而购买匿名身份。这种隐蔽性渗透到我们所说的"耳语市场"（whisper market）——通过中间人将房屋直接卖给客户，这些中间人竭力保密当事人的身份。这种情况通常是因为买家身份特殊，例如是个名人。这意味着这些房产不会被刊登为广告，有时甚至要求模糊或者删除谷歌街景。

虽然洗钱的资金大部分来自犯罪组织，但另一个主要来源（用于离岸投资和城市地产）则是超级富豪自身，包括从"黑手党"国家的官僚机构和腐败中受益的人，或者因国家不稳定或主权受干涉而逃离的人，以及逃税的人。英国国家打击犯罪总局经济犯罪方面负责人唐纳德·图恩在谈到有关英国富人离岸业务突然激增的报道时，指出了他所谓"腐败精英空间"。当然，他指的是上层以及精英们利用非法资金投资资产的行为。但从唐纳德·图恩的观察中可以反思的更深层次问题是，如今伦敦无论在物质上还是社会上，都是一个腐败的精英空间。新建塔楼、房屋、宫殿、办公室、小巷、建筑以及里面的精英们共同形成了一个深受不明之财左右的区域。从这个角度来看，城市似乎是一个腐败资金流向之地，这污染了日常商业的性质，损害了城市中人们的正当利益。阿尔法城市的地位意味着它不仅吸引全世界的富人，也吸引全世界大部分的不义之财。

人们只听说过用一箱箱现金购房的故事[1]，却对买家是谁或钱从哪来毫不关心。2016 年，两名调查记者进行了一次另类伦敦之旅，他们途经一系列豪宅，而这些豪宅的主人均涉及重大腐败和洗钱案件。这种"耻辱的街道"之旅虽已引起关注，但尚未引发积极的应对行动。

---

[1] 奥利弗·布洛（O. Bullough），《金钱之地：为什么小偷和骗子统治了这个世界？如何收回控制权？》（*Moneyland: Why Thieves and Grooks Now Rule the World and How to Take It Back*），档案图书，2018年。

肯辛顿商业街 375 号豪华公寓楼就是典型例子。这个街区有安全的地下停车场，在简朴的大门之后有 24 小时的门卫服务，是一个隐蔽的藏身之处。该开发项目包括 153 套公寓，据透露，其中五分之一卖给了来自保密管辖区的某些人或某些实体组织，在这些出售的公寓中，有一半的买家根本无人知晓。[①]

在伦敦，用洗白的现金购房的共同特点除了房产本身价值超凡之外，就是它们全都位于阿尔法社区。评论人士经常讨论现在房产是如何被用作纯投资和"储存"资本的，这些住宅与其说是"家"，不如说是银行的保险箱。但对于那些拥不法财富的人来说，只有当他们的投资能够迅速变现时，这种储存系统才有意义。于是，在最昂贵和最受欢迎的地区，来洗钱的犯罪富豪们竞相购买高价位、高需求的房屋，以争夺资产。这种不正当的投资形式导致这些房产的价值被严重扭曲，因为那些希望尽量抛售巨额现金的人往往

---

① 本·考多克（B. Cowdock），《蒙在鼓里：肯辛顿 375 号新房购买分析》（*Kept in the Dark: Analysis of New Home Purchases at 375 Kensington High Street*），透明国际，2017 年。

以高价购置房产。许多人认为这是过去十年阿尔法住宅房价大幅飙升的主要因素。这种不受约束的需求意味着，为了一次性储存尽可能多的现金，狡猾的买家愿意付出任何代价来购买豪宅，也会心甘情愿地支付代理商开出的天价。

对富有的房地产投资者、不法资本和伦敦房地产市场进行的重要评估表明，富人的需求造成房价全面上涨。例如，透明国际一直认为，洗钱抬高了伦敦房价，同时使得开发商优先开发豪宅变得有利可图。另外，他们还关注该过程如何创造了容纳众多空置房屋的"幽灵社区"（ghost communities）（稍后对此进行详细介绍）。①

这些国际资本和不法资本大量流入，对房地产价格造成的膨胀效应，也可以被视为对更广泛的城市购房者征收的一种隐性税款。因为流入房地产系统的现金数量巨大，房屋整体上更贵了。富人和富人罪犯的投资意味着普通购房者通常不得不为自己的房子支付高昂的费

---

① 透明国际，《错误的塔楼：了解海外腐败对伦敦房地产市场的影响》（*Faulty Towers: Understanding the Impact of Overseas Corruption on the London Property Market*），2017 年。

一个安全的投资

用——这是一种反向财富税，富人以抬高房价的形式向城市里的大多数人口征收关税。

这些问题也存在于全球富人疯狂投资的其他城市。伦敦最接近的竞争对手纽约也经历了通过离岸机制侵占财产，而普通居民大多长期处于黑暗。2015年，纽约一年在单价超过500万美元的住宅上花费了约80亿美元，这是十年前的三倍多。据估计，其中超过一半的住宅被卖给了空壳公司，这意味着它们的所有者无法被追踪。

伦敦的豪宅、街道、公园、商店和金融中心吸引着富人，但实际上它的"秘密武器"更为世俗。这个城市的稳定意味着它是安全的投资对象。不法资本之所以迅速流入阿尔法城市，是因为它被视为全球经济风暴的中心，最为安定。私人资金通常不受代理人或律师的审查，国家也不会对其进行过细的检查。伦敦的光明前景建立在全球资本流动之上，这些资本既有合法的，也有非法的。这使得伦敦被人称为"对冲之城"，是对抗全球经济未来不确定性和世界混乱的良好赌注。房地产专业人士早就明白，全球动荡、有组织的犯罪和黑钱流动支撑了富人对豪宅、奢侈品甚至公立学校学费的需求，进而使城市从中受益。

诚信和匿名这两个特质与城市财富推动者经常表现出的傲慢和新殖民主义优越感相叠加，他们自诩的法律意识和对隐私的尊重巩固了金融业和房地产行业的风气。然而，这种"不管不问"原则成为帮助富人大规模洗钱以及隐藏其他不法活动的暗箱操作手段，同时使得这些金融和房地产行业从业人员自己也富了起来。对富人的现金来源不闻不问这件事已经有问题了！第四频道的纪录片《来自俄罗斯的现金》（*From Russia With Cash*）强调了这一事实，片中一名演员假扮成俄罗斯富人鲍里斯（Boris），自称自己的钱"不干净"，但房地产中介依然为他提供非常周到的服务，绝不刨根问底。

利用金融系统为伦敦带来财富一直是英格兰银行经理和财政大臣的首要目标。安抚城市机构的需求是许多宏观经济规划的核心，并得到了政治上的优先考虑。然而，对全球资本坚定不移地追求，经济和市场导向思想在政治领域占据主导地位，意味着资本监管和相关负面问题往往被搁置一边。正如巴尔扎克所说，财富越大，背后的罪恶也就越大。[①] 这句格言在描述当今伦敦的情况时仍然很有说服力，因为巨额财富已经令人深感担忧。

洗钱是个问题，因为它很大程度上意味着资源的外流，且主要是从比较贫穷的国家撤出。为组织型犯

---

① 'The secret of a great fortune made without apparent cause is soon forgotten, if the crime is committed in a respectable way.'（在一种体面的方式下犯下的罪行，往往使人很快忘记了无缘无故发大财的秘密。）

罪提供资金以及为破坏国家稳定的不法活动提供便利也同样令人担心。人们通常认为这是"那边"的问题，实际上却涉及大量的英国富人，因为他们一直在利用离岸避风港来逃税和避税。这些显然不是戴维·卡梅伦2016年在新加坡主办的反腐败峰会上想讨论的问题。然而，对这些问题继续保持沉默只会突显英国作为一个建立在海外冒险、军火销售、勾结司法腐败区域、保护避税基础上的前帝国，在谴责其他地方腐败时多么的虚伪。

2015年，德意志银行发布了一份颇具影响力的报告，名为《暗物质》（*Dark Matter*）。报告显示，每月大约有10亿资金流入伦敦，尤其是来自俄罗斯的资金。尽管公众的愤怒情绪日益高涨，但房地产专业人士对非法资金的来源毫不关心，这一点尤其令人担忧。他们因为怠工、报酬而故意忽视这些问题。例如，据披露，在2017年，海外现金买家购买房产的300宗（每年总数量约为26400宗）中只有1宗被视为"危险"，引起了英国国家打击犯罪总局对现金来源的怀疑。这使得国家打击犯罪总局将伦敦描述为"世界洗钱之都"。此前还有披露，2017 年至 2018 年来自律师的可疑活动报告数量下降了 10％，但总体增幅几乎相同（9.6％，达到 46.4 万份）。与此同时，随着一些阿尔法资产以比特币形式出售，犯罪资本的行踪更加难以追踪，市场进入新的、风险更大的领域。

现实是，作为排查嫌疑活动第一站的监管机构谎称未发现洗钱活动，而执法部门则通常难以理解洗钱问题。在 2004 年至 2014 年期间，尽管有大量财产属于保密管辖范围，但只有 1.8 亿英镑的英国财产因涉嫌腐败交易而受到刑事调查。这与同期整个城市不法资本的总流量相比，几乎是九牛一毛。

随着伦敦逐渐成为"不差钱"的城市，金钱本身也激发越来越多的愤怒和审视。然而，就伦敦面临的形势而言，仍有许多工作需要做。最紧迫的是保证公司所有权的透明度，从而消除包括住房在内的英国资产买家的匿名性。房产受益人登记制度计划在 2021 年出台，尽管申请签证的外国富人人数再次上升，但是所谓的黄金投资者签证计划在 2018 年还是被暂停。据估计，伦敦还有 1000 处房产与所谓的"政治人物"有关——这是一些被委以重要公职的人物。一些压力集团①直言不讳地指出一些不法资本流动的关键帮凶，其名单与为超级富豪铺平道路并提供支持的人非常相似，包括律师、会计师和公司成立代理人（也被称为信托和公司服务提供商）。

最近有消息透露，东京新宿国家公园的一名售票员多年不收外国游客的钱，因为他不会说外国语言，并因此感到害怕。② 售票员的故事与英国监管机构对洗钱乃至更普遍的金融犯罪问题的反应惊人相似，快退休或刚入职的官员对此没有履行职责，睁只眼闭只眼。例如，众所周知，英国税务海关总署一直回避处理大型企业和富人事务，其已经承认自己并没有试图将逃税漏税的富人告上法庭。相反，税务海关总署对一种无法令人信服的恐吓策略深信不疑，即若让富人他们被起诉，则富人们可能会采取应对策略。尽管 2016 年"巴拿马文件"（Panama

---

① 译者注："压力集团"是西方政治学术语之一，指通过经济等手段对政府施加压力，从而影响政府公共政策的利益集团。它们的活动方式主要是控制院外活动集团、选举人团和舆论宣传机构。压力集团获得成功的条件是：其成员或领导人来自上层社会；集团的利益与占有较多的社会价值的人的利益一致；决策者认为集团合法。
② 《卫报》，2018 年 10 月 30 日。

Papers）的公布导致德国政府机构对 71 人提起诉讼，但在英国只有 4 人被捕，6 人被警告约谈。富人有富人的规则，其他人有其他人的规则。这就像美国女商人利昂娜·赫尔姆斯利所承认的，只有"小人物才纳税"一样。

僵尸建筑：市场无形之手缔造的死亡空间

2014 年，《卫报》的一项调查发现，在伦敦北部主教大道（也被称为"亿万富翁街"）的 66 栋大型住宅中，只有 3 栋是全天有人居住的。城市探险家们很快上传了一些视频，记录下他们非法进入这些正在废弃或衰落的世界上最昂贵的房产内部的一幕。在伦敦有些街道上，沿街住宅富丽堂皇、一尘不染，其中有些住宅维护得很好，但显然空置，还有些住宅则正在腐朽。这死亡般的居住景观，是阿尔法城市的另一个关键特征。沿着主教大道乘坐 210 路双层巴士，是一个观察这些奢华人造景观的好方法，因为沿着这条路步行往往高度不够，看不到围墙和门楼里面的景色。

我们可以把这种家庭空间称为"僵尸建筑"（necrotecture），这是一种富人为存放现金而非实际居住所产生的建筑形式。显然，有钱人喜欢收集无生命的东西。他们喜欢收集最好的东西，如汽车、珠宝、艺术品，但最重要的也许是房产，因为那是最有形的地位象征。作为地位和地位上升的标志，房产被富人抢购一空，但往往全部无人居住或只有部分住人。如果不是死气沉沉的豪宅对城市整体社会活力造成了致命破坏，这一切都无关紧要。

在滨河地带的阿尔法社区，洗钱、国际投资和城市开发结合在一起，制造了壮观的建筑森林和空旷地带。这里突显了财富对城市的深远影响，也突显了犯罪资本的能力，特别是迫使城市开发进程满足了其"住房为钱所建，而非为人服务"的需求。沿着泰晤士河的带状开发轴，从东南部的格林尼治一直延伸到西部的切尔西滨水区，可以看到如蚁巢般的建设活动，有 500 多座高层建筑正在施工。建设规模之大，建设速度之快，令人难以置信，相当于十年前这里建设开发活动的五倍多。但是，几乎没有一项建设项目用于或将被用于提供经济适用房和社会保障房。

随着无论是合法的还是非法的巨额财富涌入，奢侈品市场的某些部分脱离了供需规则。需求并非基于社会需要，在许多情况下，随着奢侈品资产不断升值，富人希望通过买卖奢侈品进一步扩大资本规模，从而以此获利。"鬼城"的兴起不是左派的幻想或神话，而是用来激发人们反对富人对城市的殖民统治。伦敦大片的空旷地带是可查可测的，却只是这座死气沉沉的城市可观可感的冰山一角。讽刺的是，就在伦敦从一波又一波的非法财富浪潮中开始受益时，它竟重新变成了一个生机勃勃、闪闪发光、充满活力的城邦。

正如所见，在巴特西发电站地块的九榆树开发项目中，许多公寓甚至在完工之前就被迅速购入和转售。泰晤士河沿岸的许多新开发项目提供了一种海市蜃楼般的社区生活，一旦走近就会烟消云散，就像刻画着面带微笑的超级嬉皮士将他们的完美身材浸在私人温泉和游泳池里的广告牌一样单薄。在现实中，由巴拉德式的高耸建筑森林形成了一种多风小气候。这些死寂的空间和房屋毫无生气，反而有利于保持环境干净，为未来的房产交易做好准备，此乃洗钱过程的关键因素。

在阿尔法城市中，最空旷、据说也是洗钱最多的地方是海德公园一号、塔桥一号（One Tower Bridge）和巴特西电站的西缘环形广场（Circus West）。这几处绝大多数房产都销售给了海外客户，其中约一半的客户是在腐败风险较高的司法管辖区注册的个人或公司。许多河间地开发项目特别容易被卖给匿名所有者和海外"工具"。沃克斯豪尔的圣乔治码头大厦就是因为规模庞大和超过四分之一的公寓被海外公司持有而出名。①

阿尔法城市的僵尸建筑在门禁式街道也能看到，如伦敦北部的康普顿大道，那里有为了躲避公众视线而增设的围墙和安保。

这种空空如也的景象在一定程度上是因为那些很少回家的富人在全球奔波，但如果屋里的灯也关了，则说明房产八成是为了洗钱而买的。当然，主人缺席并不意味着房屋空无一人，超级富豪往往还保留着一群家政人员。然而，富人们一轮又一轮的过度投资却换来了一片空壳景象。过去十年涌入伦敦的资金洪流创造了一个既

---

① 透明国际，《错误的塔楼》，《外国投资者抢购离岸避税天堂持有的伦敦住宅》（"Foreign Investors Snapping up London Homes Held in Off-Shore Tax Havens"），《卫报》，2017 年 6 月 13 日。

没有实体存在又充满无形资本的空间。邻居们抱怨自己
是仅存的居民，抱怨商店和服务设施的消失，抱怨因大
部分居民长期不露面而普遍感到的阴森感。

　　如同"近代墓地"的伦敦被赋予各种各样的名字，
如"熄灯伦敦"（这让人想起了二战期间英国对闪电战
的应对）或"幽灵街区"。要了解这种"幽灵街区"的
规模，可以查看人口普查数据。2011 年，最新的人口
普查涵盖了所有的居民和住房，空置住房占整个伦敦的
3.5％左右（据记录，这些住房通常无人居住）。在顶级
阿尔法社区，住房空置率上升至 5.4％。但在建成时间
最短的国际住宅区，有 11.1％的住宅空置。伦敦金融
城的住房空置率为四分之一，威斯敏斯特为 19％，肯
辛顿和切尔西为 14％。①

　　伦敦规划部门已批准再建设 2.6 万套高端商品公
寓②，大约相当于全市一年的住房供应总量。这些现象

① 　人口普查和 MOSAIC 社会人口数据分析，戴夫·罗兹（Dave
　　Rhodes），约克大学。
② 　鲁珀特·尼特（R. Neate），《对伦敦计划建造大量"豪华鬼楼"
　　引发愤怒》（"Anger Over Glut of 'Posh Ghost Towers' Planned for
　　London"），《卫报》，2018 年 2 月 4 日。

从金融角度来看，房地产市场非常活跃，却将制造一个基本无人居住的景象。在其他全球财富精英青睐的城市也可以看到类似的问题。例如，纽约从第49街到第70街，以及从第5街到公园大道之间，约有30％的公寓每年空置10个月或者更长时间。[1]

似乎富人拥有的钱越多，在这里停留的时间就越少；而这些钱越是来自犯罪和非法渠道，情况就越如此。然而，要摸清楚有多少富人没有住过他们的伦敦豪宅并不容易，一种可行的方法是寻找电力公司的用电记录，那些用电量异常低或接近于零的家庭基本就是。据一项此类研究估计，伦敦大约有21000套住房长期空置。[2] 但这只是冰山一角，因为根据政府统计机构的数据，在伦敦中部和西部，每20套房子就有一套是空置的，而且房价越高，越有可能无人居住。[3]

伦敦几乎所有的新建房产都是公寓（89％），在2014年至2016年期间，大约六分之一（13％）的公寓

---

① 帕特里克·拉登·基夫（P. R. Keefe），《B公寓里的盗贼》（"The Kleptocrat in Apartment B"），《纽约客》，2016年1月21日。
② 国家统计局，《使用DECC数据分析低电力消耗》，2015年。
③ 住房存量实时表（包括空置住房），英国政府网。

被卖给海外买家，其中很多人使用离岸工具。[1] 超过三分之一（36%）的买家会通过海外机构在伦敦市中心的"黄金地带"买房。在这项研究中，空置率是通过交易数据来衡量的，以确定那些很少或没有财务记录或行政文件记录的住房。以这个标准衡量，空置住宅占所有新建黄金住宅的一半（49.5%），更普遍地说，伦敦内城的住宅空置率为 19.4%。值得注意的是，空置率与房价正相关：在价值 100 万至 500 万英镑的房产中，39%未得到充分利用；而在价值 500 万英镑以上的房产中，64%未得到充分利用。其中，由海外买家所有的房屋占比为 42.3%。另一个研究小组的研究结果表明，2014 年至 2016 年伦敦市中心一半的房产被销售给了海外买家，而伦敦本地租客或买家遭到了明显的"排斥"，仅占销售的 6%。[2]

---

[1]　艾利森·华莱士（A. Wallace）、戴维·罗兹（D. Rhodes）和理查德·韦伯（R. Webber），《伦敦新建住房市场的海外投资者》（*Overseas Investors in London's New Build Housing Market*），约克大学，2017 年。

[2]　卡特·斯坎伦（K. Scanlon）等人，《海外投资者在伦敦新建住宅市场的作用》（*The Role of Overseas Investors in the London New-Build Residential Market*），伦敦经济学院，2017 年。

住房入住率低可以作为反映非法财富作用的一个指标，因为许多此类业主是通过离岸公司运作的。然而，富人买家对房产的需求刺激了房地产开发，其结果是为资本藏身或资本增值提供了一个新颖而枯燥的游乐场。尽管如此，评论人士反复提出更奇怪的观点："如果没有外国投资，过去十年许多豪华住宅开发项目就不会建成。"当我们考虑到是洗钱在推动高端房地产需求，这种推理就更荒诞了。因为资源不是被阶级斗争小组和棚户区占据，而是被近几十年来全球经济产生的不断膨胀的资本泡沫所占据。认为需要外国投资来确保建造更多空房，就如同狡辩需要君主政体才会得到宫殿。好戏还在后头，但除了富人之外，没有能从中受益。

纵容邪恶存在的城市

如今的伦敦让人想起《卡萨布兰卡》（*Casablanca*）中的一幕：因腐败而臭名昭著的警察局长不得不调查里克酒吧里发生的事情。当狂热的赌徒被拖走时，他宣称："我对赌博行为感到非常震惊。"我们不难发现在伦敦房地产洗钱的受益者只是假装愤怒，更不用说不法白

领和城市精英生活中其他领域的渎职行为。如今，几乎
没人会否认伦敦是洗钱和洗白名声的中心，是全世界犯
罪资本的关键目的地。

但是，对于富人犯罪与真实房地产市场之间的联系
应采取什么措施呢？尽管公众对曝光的洗钱行为明显感
到愤怒，但政治反应却出人意料的冷淡。如果说有回
应，那就是关于英国脱欧和经济混乱的辩论产生了更多
减税和为保护资产创造工具的提议，比如 2020 年提出
创建 10 个新自由港（freeports）的想法，在那里，艺术
品、葡萄酒和其他资产可以免税持有。正如我们所见，
微妙的利益和隐秘的网络显然有助于转移人们的视线，
使人们不再关注精英阶层以某种形式参与其中的令人不
安的现实。

政治体制使那些真正拥有金钱权力的人得以施展
拳脚，却没有表现出关闭、监控或打击犯罪资本的意
愿。对一些人来说，这似乎太愤世嫉俗，甚至是阴谋
论。然而，令人不解的是为什么像伦敦这样的城市会
成为非法投资的主要受益者？伦敦又是如何成为全球
其他地区犯罪行为和系统失序的助推器的？事实上，

质疑这些做法的人来自政治体系本身。

以 2018 年英国下议院外交事务委员会（Foreign Affairs Committee，FAC）就俄罗斯洗钱问题举行的听证会为例，其中很多内容值得引用，值得一读。以下只是委员会强调财富和富人如何影响城市及其政治的一个缩影：

我从大家今天的发言了解到，当前人们普遍认为，英国不同派别的政府往往不愿处理伦敦的"黑钱"问题。我注意到大家都默认了。原因有很多：第一，处理"黑钱"在财政上太困难；第二，我们还没有真正注意到这个问题，这就是粗心大意；第三，有些人或政党并不真正关心此事，或者被误导而不关心此事。①

"诱惑"这个词比它乍看起来更有力量。它传达了一种高效的系统寄生关系，即金钱令所有参与者和机构趋于一

---

① 外交事务委员会，《口头证据：俄罗斯腐败与英国》（*Oral Evidence: Russian Corruption and the UK*，HC 932），2018 年 3 月 28 日。

致。尽管这些群体经常在公开场合对伦敦沦落至此表示震惊，但他们仍然明白，资本和非法财富才是经济发展的巨大"地下"驱动力。超级富豪的人员名册确实非常长，而那些没有位列其中的人则通常将不法资本视为"为金融健康而必须服下的苦口良药"。无论怎样，帮凶就是这样做的，如果这些人不这样做，换一拨人也会这样做。

针对这些问题，我们应该停止假装逃税和不法资本投资是城市付出的代价，并公开承认它们实际上是城市经济的支柱。如果城市对逃税者、准罪犯和洗钱者发起挑战，可能会砸掉房地产经纪人、律师、建筑师和开发商的饭碗。照此解读，我们开始意识到，那些被视为犯罪的事情实际上是一种在道德上灵活和务实的经营之道。

而今，我们越来越清晰地意识到，许多金融服务和投资工具的主要目标是避税和让非法资金流动，因为这样可以让那些在过程中进行操纵的银行家有利可图。推而广之，伦敦是银行家、服务商和富人共同生活和工作的场所。因此，在一个由城市、机构、岛屿避风港和离岸地带组成的网络中心，这座城市就像一个为犯罪提供便利的蜂巢，财富和不法资本都是通过这些网络流入伦敦的。虽然很多人假装倘若知道自己在和谁打交道会感到震惊，但为什么没人知道在梅菲尔、骑士桥和其他许多地方的房主是谁呢？那些因为解释会揭露暴力、勒索、抢劫和欺诈行为而不得不无法解释的财富又是如何不断出现在我们的身边？这才是关键。所有这一切让伦敦看起来相当糟糕，但是否出现这个判断可能取决于你的收入来源是什么。

企业、税收和支出都是经济命脉的一部分，如今它们已经与非法现金来源交织在一起，并且深陷其中，公共财政和私人钱包也都从中受益。这与其说是在为保持现状而争辩，倒不如说是为了提醒：如果真的认真对待这个问题，将会挑衅哪些人的利益。若非你是哈罗德百货商场的拥有者，或某一家商店的供应商，或是看着此类销售造成税收损失的政府工作人员，那么挑战一个过去十年里在哈罗德百货商场花掉 1600 万英镑不法资金的女人是件好事。否则，为什么还要当坚持原则的受虐狂，把事情弄得一团糟呢？

对许多人来说，伦敦已成为一棵神奇的摇钱树，一种由资本运作并为资本服务的奇特生物。但它的意义远不止于此，因为伦敦在一定程度上是由不法资本运营且为不法资本服务的城市，每年通过伦敦金融城和伦敦房地产洗钱的 1000 亿英镑就可以说明这点。为了对这个数字有更直观的了解，我们对比国家每年的收支情况可知，2017 年英国国防开支约 450 亿英镑，教育开支约 397 亿英镑。这说明，打击洗钱将意味着砍掉这座城市赖以生存的一根大树枝。

多年来，我们看到的是高明地管理庞大地下经济和相关企业利益集团的政治手腕，它们有意或无意地助长了欺诈、市场操纵、犯罪资产的隐匿以及其他一系列隐藏的恐怖活动。这是因为我们知道，无论在英国还是全球其他地方，与富人及其豪宅、银行、律师和房地产经纪人相联系的，是面临医院、学校的资金不足，暴力毁坏、逃税造成的住房危机的芸芸众生。

即使是那些不属于精英阶层的人也在为其辩护，因为这些价值观在公共生活中已经被接受了。受过新自由主义经济学训练的金融记者，选择在银行赚钱的最聪明的专业人士，相信自由市场的人，他们都相信为所有人创造财富是精英们的工作。他们都是这个价值体系的一部分，而这个价值体系的范围远远超出富人本身。从许多方面来看，这是一段相当腐朽的历史，但至少也是一种独特的传统，而且报酬通常相当丰厚。这群帮凶，对于房产税和财富税的提案往往最为反对，因为他们认为如果这威胁到他们的商业模式，那么富人以及他们的现金会很容易流到税收或投资环境仅次于伦敦的城市。这种道德真空不单单是由房地产市场决定的。在斯克里帕尔暗杀未遂事件发生后，杰里米·科尔宾在议会上表示，俄罗斯寡头给保守党的捐款超过 80 万英镑。

伦敦已经被资本占领了，就像 2008 年金融危机时一样，我们真的难以辨析资本的好坏。但是无法区分的好坏正是这座城市的定时炸弹，因为如果不采取一致行动就有可能出现犯罪分子制造资产价格泡沫以及政治领域的合法性危机，而政治领域正日益成为分散、无效和腐败的领域。有时，人们会时不时地宣扬种族主义或攻击富豪，以此来掩盖大部分财富的来源和影响。

多年来，伦敦一直沉迷于不法资本。与此同时，许多富人、政治精英和金融精英已经非常精通信托、离岸工具和"避税"投资，"巴拿马文件"和"天堂文件"（Paradise Papers）曝光了这些不堪。这些活动在很大程度上与全球超级富豪队伍的扩张有内在联系。但伦敦并不是无意中被超级富豪占领的，实际上伦敦世世代代都在积极拉拢和输送他们的资金。伦敦应该被视为一个高效的机器，除了体面的财富来源，它还可以收集、分类和吸收巨额犯罪资本。

观察那些不时被迫拒绝更多调查权和征税权的声音是很有启发性的。财经媒体经常报道富人客户如何准备离开这个国家或将资产转移至海外，如 2019 年英国《金融时报》报道，一旦科尔宾政府上台，一万亿英镑的资产和财富将准备转移到海外①。但或许，正如喜剧演员马克·托马斯曾调侃的那样："我们会把他们送去机场。"2019 年，英国脱欧推动了保守党重新执政，预示着自由港式的金融环境将使富人隐藏，低税收将得到保证。伦敦高端房产销售的迅速反弹揭示了政府同房地产业和金融业驱动的财富环境之间有着天然联系，却对

---

① 译者注：杰里米·科尔宾，2019 年参加大选。

社会甚至刑事司法毫无兴趣。

　　然而，害怕失去财富或富人本身的恐惧促使政府不作为。但欺骗之处在于，当英国富人长期以来一直利用离岸资金逃税或避税时，却把这种可能性说成未来的可能性。"巴拿马文件"和"天堂文件"的泄密，以及私家侦探（Private Eye）获取的关于空壳公司持有英国房地产的数据库显示，富人无时无刻不在通过银行、离岸基金或家族理财室扩大和保护自己的财富。几十年来，富人一直在隐瞒、藏匿、操纵和投资自己的财富，并得到了"睁一只眼闭一只眼"的政客、设计隐藏财富方案的会计师以及忽视来源不明购房款的律师等一批精通此道的专业人士的帮助。

5 汽车、飞机和奢华游艇

想象一下，乘坐飞机沿着城市的东西向航线飞往伦敦。当碎片大厦悠然地从右舱窗前滑过时，几乎可以触摸到大厦顶峰。如果这架飞机是你的，感觉可能会更加逼真。再进一步，如果我们不去伦敦繁忙的主要机场，而是在伦敦郊外的小型私人机场，直升机可以从这里把你带到市中心，随后商务专车准时提供接送服务，再把你送到伦敦某个阿尔法社区的住所。速度感、隐私感、舒适感和权力感，都是富人在城市中流动的基础。

四通八达的交通有助于巩固伦敦的阿尔法城市地位。它方便人们出发和到达，可以往返于世界上其他国际城市。如果没有办法为富人提供快速、舒适和私密的旅行方式，阿尔法城市就无法运作。这种出行能力与城市舒适私密地区的生活紧密地结合在一起，结合程度令人惊讶。汽车是富人出行的主要交通工具，而小型飞机和游艇则将富人的触角延伸到更遥远的目的地。在过去十年，飞机旅行大幅增加，其中大部分是私人包机，也有相当一部分是私人飞机。每年的6月和7月，伦敦上空的私人直升机飞行达到高峰。来自中东的亿万富翁飙车族们飞来伦敦，直到斋月之前，他们都在伦敦西区周围显摆他们的豪车。他们与众多为富人出行提供服务的装有遮光车窗的S级奔驰车争夺道路空间。梅菲尔或骑士桥的飙车让人厌烦，更贵的宾利或劳斯莱斯则悄无声息地停在从前不被人们注意的俱乐部门口。

尽管伦敦传统的社交季已经不在，但是许多社交空间和社交活动仍然存在。通过文体活动、节日以及政治会议、公司会议，吸引富人不时地涌入伦敦参加游行和交流。家人、朋友和同事在夏季或节日期间加入社交圈，参加艺术展、时装游行、赛马、赛车或者足球赛等重要活动。伦敦现在有多个社交季，富人的社交活动围

富人出行

绕着重要的家族或新的纵横交错的联盟还有富人及其家族之间的社会关系进行。舞会、私人聚会、花园活动、宴会和机构晚宴，都吸引着富人们前往。财富带来了超乎寻常的活跃性和快速的流动性，但也强化了城市的私密性和隐匿性。

对富人来说，阿尔法城市并不是个界线明确或离散的空间。相反，它通过空中、陆地或海上的方式连接一系列高速公路，为富人提供了多层次的交会空间。阿尔法交通网络塑造了一种城市模式，满足了富人的孤独主义。对于每个阿尔法富豪来说，城市是为他们量身定做的自我保护环境，可以满足他们的所有需求和欲望。这种为顶级富人精心打造的地方，消除了富豪们与其他人或其他空间的共处感。

财富一大明显的副作用是创造了过度活跃的高碳排放生活方式。这对许多人来说是显而易见的，但另一个不太为人注意的副作用则是它创造了一种特殊的、与富人的移动系统相连的城市实体结构。伦敦著名的地区形成了一个完整世界，拥有各种奇妙的空间和奇观，富人们很容易连接或移动到其他地区乃至全球其他有吸引力的地方。在强大引擎、复杂技术和智能基础设施的支持下，富人可以在封闭、舒适的环境中随意地移动，从一种体验场所滑向另一种场所。跨越这些空间，高度发达的快速交通系统使得富人比普通市民要轻松得多。司机、飞行员、机长以及其他工作人员等众多帮手使富人能够体验到城市的轻松与奢华。

边界变得无足轻重。富人的城市是一种平滑、连续的空间，快速且频繁的流动形成一种独特但片面的城市体验。富人借助各类工具的流动产生了一个孤立世界，剥离了城市普通大众经历的生活困难。伦敦聚集了世界上最大的富人群体之一，然而用钱搞定的舒适生活使富人既不了解、也不同情城市问题。富人行动的隐蔽性旨在建立一个与世隔绝的主观世界，而事实也是如此。

无论是透过私人飞机还是私人专车的深色玻璃向外看，都是从抽象的视角体验伦敦。富人使用的交通方式具有隔离感，故无法兴奋地探索城市丰富的多样性。因此富人对社会生活的印象是缄默的，他们的城市体验如此轻松，感觉无论在哪里都是在家（当然他们也有很多这样的家），而富人的随从则为消除风险和问题而辛苦奔波。

精英旅行的矛盾之处在于它往往采用像铁路一样的路径，将富人的世界与普通大众隔离开来。富人几乎任何时候都在地面以上——在顶层公寓、飞机、公寓、汽车或电梯里。对富人来说，多样性、混乱、不可预知和差异的城市生活被隐私、豪华、"真空"的环境取代，他们只会见到其他富人。城市生活的重要方面，即与其他不同的、不那么富裕的人共享的伦敦已经从视野中消失。对富人来说，他们的世界被认为是理所当然的；地球是个开放的空间，既没有障碍，也没有疲惫。普通人则无法进入或者根本不知晓富人的行径和奢华的目的地。

伦敦西区被设计成一个富人目的地，并且尽可能地减少富人不必要或麻烦的出行。在这里，富人很容易接触到帝国和资本的核心社交圈和机构，这里是权力、影响力和娱乐的空间。这个空间的功能是让社会精英们聚集在一起。富丽堂皇的豪宅、宫殿，吃饭、喝酒、社交构成了一个完整的社交圈，一个以物理距离为核心组织原则的社交圈。伦敦西区被建成紧凑的城市空间，在这个空间里社会自身就可以正常运转，生活在西区的富人不需要克服障碍冒险穿梭于城市之间。

交通技术的进步使得人们在享受城市功能的同时，让居住在城外成为可能。头等车厢以及私家车使得城市周围的带状乡村地区成了"殖民地"，人们可以更加迅速、频繁地往返于多个住所之间。这些变化将新阿尔法区的地理范围扩展到一个由富裕社区、小城镇、村庄和门禁庄园组成的群岛。尽管有这些变化，核心阿尔法地区的原始分布仍然完整。像梅菲尔、骑士桥和南肯辛顿这些地区仍然是万物触手可及。只是，如今取代曾经核心社交场所巡回宫廷的是物质产品和消费的提供者——哈罗德百货商场和哈维·尼克斯百货商场，或者是米其林餐厅、私人俱乐部、夜总会所等。

阿尔法城市的奢华体验给人一种轻盈舒适的感觉，从这里可以轻松地前往各式的宜人空间。阿尔法城市交通运输的两个基本原则是舒适和迅捷。这种需求形成了在私人住宅、机场、商店、高层建筑的地下车库以及类似安全地点之间封闭的点对点运行交通系统。顶级富豪不希望被人看到从车里走到家门口。因为这可能带来安全或者曝光的风险。这种富人的交通运输系统关乎与城市的战略关系，城市既是舒适的家，但也存在潜在的风险和不适，需要加以控制。

富人把城市分成了安全的地方和不安全的地方。这促使人们建造越来越复杂的基础设施并提供配套服务，包括隧道、大门、门锁、生物识别扫描仪、护栏、汽车电梯、机场安全停车场，以及体育文化活动和酒店的代

禁止停车

客泊车服务。中心城市潜在的野性被压抑了，从某种意义上说，它变成了郊区，被剥夺了社交和人际交往功能，而自由移动的有钱人却能随时出没。

伦敦的超级富豪绝不可能需要拎包旅行。因为司机和方便安全的泊车让富人可以无障碍出行。头等舱休息室、豪华轿车和游艇与复杂的通道、门、门禁以及接驳交通工具连接在了一起。这些交通系统提供了一种只为富人建造的新街景。与此同时，地面层也使用了同样精妙的系统，比如用远程控制的大门阻断交通，或者就像在梅菲尔的克拉里奇项目远程控制护栏那样，在阻止闲人进入的同时也保持了开放民主的假象。

各种各样的休息区保护富人免遭潜在危险或者讨厌的街头社交。这里很舒适，很隐私。酒店、机场、俱乐部、港口和封闭式住宅都在阿尔法世界的认知地图上，在这些地方随时都有亲切的、面带微笑的服务人员。但是，这种自由感也是一种幻觉，是一种对无拘无束生活的模拟，而事实上它必然是受限的。因为在如此舒适的世界及其网络之外，还存在另一个不能访问或不应该去访问的世界。就如同严格守卫的社区花园里有一条小路蜿蜒穿过，似乎暗示着一个遥远的世界，然而却只是通向灌木后的一堵墙或是花园尽头的矮树篱。这样的世界可以带来冒险的感觉，但是真实风险可控在一定范围内。

阿尔法城市是一种"超运动机器"，也是一个社会分类机器。普通居民与特权阶层被隔离开来。这种安排和分类是靠遍布城市的隐藏入口和过滤系统实现的——俱乐部门口、地下停车场、视网膜扫描仪、钥匙卡、精英公寓和酒店的入口，所有这些都提供了隐蔽的屏障入口。就像《爱丽丝梦游仙境》（*Alice in Wonderland*）

中兔子的超级资本主义翻版一样，富人可以使用钥匙、刷卡或生物识别锁通过这些匿名大门或门禁，或者由高度警惕的工作人员领着进出，而这些工作人员可以在敌意或微笑之间无缝切换。这样的机制形成一种有效的过滤器，让富人能够享受一流的休息室、俱乐部、豪华酒店和专车等不受打扰的私人空间。

在现实生活中，普通人通常共享城市道路、机场航站楼和车道。然而，他们在更具黏性、更加拥挤的空间里筋疲力尽地穿梭，劳累的身体被困在车流中，挤在火车车厢里，在过马路时被烟雾呛得喘不过气来。而富人则越过这些窒息的人们，在一个自由流动、令人愉快的专用交通系统中移动，沿着独特的路径巧妙地穿梭在城市肌理中。

从富人崇高的视角看，伦敦存在各种可能性。到达一个地方并不意味着很快就要到另一个地方去。这种流动性旋风的出现是由于有些突然的出行需要，绝不能拖延或被阻碍，于是形成了某种封闭景观，使富人能够精心安排行动和转换的时间。这种排斥其他人的简单机制就是价格。从这个意义上说，这个系统是完全民主的——只要足够有钱，任何人都可以使用这些奢侈的交通工具……

　　头等舱旅行和拥有豪华汽车既是一种体验，也是一种移动方式。它使人感觉任何潜在的障碍都会自动消融，世界只围绕着自己一个人展开。但是，这个世界也需要大量的协调工作，导游和私人经理就为伦敦的富人提供了这类服务。生活方式管理机构和家族办公室的工作人员帮助富人把精细复杂的封闭通道编织在一起，确保富人能在任何需要的时候找到一切东西。例如，拿到第二天晚上在纽约歌剧院的高级门票、来自远方的奢侈品或食物，邀请贵宾艺人到访，或在毗邻机场的"自由港"（如日内瓦、都柏林或迪拜）参观离岸艺术品。

　　通过莫比乌斯环一般的城市空间重塑，阿尔法城市的富人流动性大大提升。城市的生活世界变成了一种连续地带，可以从一个地区快速移动到另一个地区，或者从一种旅行方式快速切换到另一种旅行方式。这些特质对避开移动过程中的脆弱感很重要，比如暴露感、不受欢迎的曝光或可能经历的安全风险，尽管后者可能受其国家背景影响。对超级富豪来说，曝光很麻烦。尤其是在这个多数人通过社交媒体窥探少数人的时代，相机、无人机和手机使关于富人活动的报道广泛传播。

摄影师道吉·华莱士的肖像摄影突出了富人的这些不安：富人从私家车或出租车到哈罗兹堡（伦敦，而不是肯塔基）的郊区，穿过人行道的最后几英尺——街道上最"危险"的地方，他们震惊或愤怒地盯着镜头。事实上，尽管存在令人担忧的抢劫和入室行窃，正是这种"入侵"行为的罕见让世界富豪们爱上了伦敦。伦敦富人的细分聚落对什么是安全、什么是不安全有着不同的看法，这往往取决于他们的国家背景，当然也取决于所处的特定财富阶层。即使是伦敦市中心也能让富人们感到安全，这令他们意识到可以在这里生活，在街道上也可以自由自在，能享受到在本国无法享受到的生活方式。然而，对于超高净值人士和亿万富翁来说，这种可能性虽然存在，但几乎是不可想象的。

富人复杂的行动网络与伦敦的日常生活隐秘地共存，平行运行，不与世人的行动节奏和网络混合在一起。稍加提示，我们就能辨认出这个世界的标志——富人的秘密通道以及穿行其中的富人。

天空的主人

用弗朗西斯·斯科特·基·菲茨杰拉德①的话来
说，富人和你我不一样。除了有更多的钱，富人使用完
全不同的机场。对于富人来说，伦敦的主要门户并不是
它的五大机场（希思罗机场、盖特威克机场、斯坦斯特
德机场、卢顿机场和伦敦城市机场）。虽然这座阿尔法
城市最大的机场希思罗机场的空中交通量居世界首位
（每150秒一次航班），但每天的私人飞机航班还不到一
个架次（每天只有400个架次的私人飞机航班从主要机
场起飞）。在伦敦，每年有近50000架次的航班由私人
飞机完成，几乎都起降在私人机场：比根希尔机场
（Biggin Hill）、法恩伯勒机场（Farnborough）、邵森德
机场（Southend）。② 其中，位于城市西南部的法恩伯勒

---

① 译者注：弗朗西斯·斯科特·基·菲茨杰拉德（Francis Scott Key
　　Fitzgerald，1896—1940），20世纪美国作家、编剧。1925年，
　　《了不起的盖茨比》问世，奠定了他在现代美国文学史上的地位，
　　成了20世纪20年代"爵士时代"的发言人和"迷惘的一代"的
　　代表作家之一。
② 数据来源于英国民航局年度报告。

机场承担了大部分的私人飞机航班（32522 架次）；在城市东南部的比根希尔机场排名第二（13209 架次）。在最东边的邵森德机场延伸了伦敦都市区的范围，它也很受私人飞机欢迎，每年大约有 4000 架次航班。

时间就是金钱。同样，金钱也可以买到大量时间。每天都有数以千计的富人绕过使用伦敦主要机场的苦恼和挣扎。许多富人、企业主和企业交易撮合者都利用伦敦的私人机场前往欧洲目的地，参加重要会议、休闲活动，或拜访联系人。最富有的客户在私人机场候机只需要大约 10 分钟。这意味着它们与其说是候机室，不如说是登机口——只有在这里司机才可能开车将富人送到飞机上，并在飞机上进行安检，从而进一步缩短时间。这种快速流动使得头等舱的休息室根本没有存在的必要。真正的富人不需要候机，除非他们对去哪儿毫不关心。

富人的机场在设计时就考虑到他们的客户不希望出现在公众面前。头等舱和私人飞机旅行的目的之一就是不让旅行被普通人看见或打扰。这些原则已写成希思罗机场头等舱休息室的标语，它将自己描述为远离尘嚣的圣地。在希思罗和其他的主要机场，头等舱休息室像地堡一样，有单独的入口、停车场和出租车/汽车上下客点。大多数旅客不会发现这些隐蔽区域的入口，而乘坐头等舱的乘客则会通过单独的廊桥秘密地从休息室移动到飞机上。

作为富商和私人飞机拥有者汇聚的节点，法恩伯勒机场连接着城市和萨里郡的封闭式社区和豪宅。法恩伯勒机场的口号是"为了商务，为了隐私，为了伦敦"，这可能就是出自伦敦精英之笔。值得注意的是，法恩伯勒机场有自己的海关设施和出入境检查。这种以现金为手段的跨越凡人必须通过的关卡的行为，引发了人们对来自俄罗斯和中东各地的航班是否充分安检的担忧。除了快速、可控和自由裁量权之外，私人飞机还能减少来自官员的提问和审查。据报道，2015年法恩伯勒机场大约十分之一的飞机根本没有受到任何检查。

富人的行动需要一个永动机，它的燃料是大笔的金钱。从伦敦到纽约的航班经济舱与头等舱机票价格相差7倍。富人也可以选择第二天包机独自出发。乘坐私人飞机前往最受欢迎的目的地之一巴黎需要花费8000英镑。富人现在可以通过卢纳航空①或利捷公务航空②等应用程序预订航班，而超级富豪自己就有飞机。拥有私人专机会让你进入一个令人垂涎的圈子。买飞机不但需要前期成本（一架湾流 G650 飞机大约需要 4000 万英镑），它还需要飞行员和工作人员，另外飞机注册和机库成本在法恩伯勒机场大约是每年 20 万英镑，此外还有一般维修和维护费用。所有这些加在一起，一架中型私人专机一年的成本将超过 100 万英镑。

这种急速旅行的欲望与时间有关，也是受同辈焦虑情绪驱使的结果。竞争和自恋的破坏性逻辑助长了炫耀文化，也形成对超级跑车和私人专机等高碳排放玩具的依赖。在流动性方面，财富的最终标志是个人拥有原本属于大众消费的交通工具。罗曼·阿布拉莫维奇拥有自己的波音 737，这是一架能搭载约 140 人的商用飞机；

---

① 译者注：卢纳航空（LunaJets）是一家私人飞机包机解决方案供应商，总部位于瑞士日内瓦，服务对象是全球范围内的富豪精英们。

② 译者注：利捷公务航空（NetJets）作为伯克希尔·哈撒韦（Berkshire Hathaway）下属公司，拥有全球最大、最多元化的私人机队之一。

他的游艇"日蚀号"（Eclipse）之所以如此命名，无疑是因为它让其他游艇都相形见绌，其长度接近一艘欧洲渡轮的大小，达到 533 英尺。

直升机是阿尔法巡回旅行的另一个重要特征，它经常被富人用于穿越城市的第一步或最后一步。私人直升机航班将私人机场和城市最终目的地连接起来，反之亦然，或者是从私人机场到更遥远的英格兰乡村和小城镇的阿尔法社区，例如汉普郡的桑德班克斯或曼彻斯特附近的奥尔德利埃奇。读一篇《福布斯》杂志社论的时间，可以从比根希尔机场到达市中心（6 分钟）；对于从法恩伯勒机场出发的富人来说，12 分钟的冥想就足以让他们完成旅途。

尽管伦敦直升机交通量不及里约和墨西哥城，但据英国民航局（Civil Aviation Authority）的数据，伦敦领空每年约有 2.2 万架次直升机飞行，其中 2500 多架次（2643 架次）是私人航班。考虑到成本，它们基本都是超级富豪的航班。伦敦主要的直升机机场是伦敦大都会直升机机场（Metro London），它自称是贵宾、名人和商界人士的"垂直门户"。五十多年来，它毗邻泰晤士河，坐落在内城西部，虽然不是绝对的伦敦中心（这反映出伦敦城市中心地区的空域是严格控制的），但是短时内就可抵达富人豪宅或工作、聚会目的地。它的位置确实非常接近九榆树河畔的阿尔法区，毫无疑问，苹果公司新总部的高管们以及美国大使馆的访客都会觉得它很有用。

风火轮

1957 年的纪录片《梅菲尔的夏天》（*Summer in Mayfair*）的开场镜头便是从多切斯特酒店的顶层公寓俯瞰海德公园角（Hyde Park Corner）。在手风琴小调的旋律中，名字颇具特色的麦克唐纳·霍布利语气夸张地介绍了梅菲尔这个看似普通的花园般的中心区。在公园巷，几辆红色的公共汽车和小轿车懒洋洋地行驶着，如今这里车水马龙，汽车尾气烟雾缭绕。当然，梅菲尔绝不是个普通的地方，它一直是伦敦精英的家园。它经久不衰的顶尖位置不仅归功于它在伦敦绝对中心的位置，还在于毗邻的皮卡迪利街—圣詹姆斯街、骑士桥和菲茨罗维亚。但是这部 60 多年前的纪录片的开头仍然意味深长——它表明即使在繁忙的大都市仍然有可能找到一个温暖、宜人和友好的地方，这也符合霍布利自己的评价。

梅菲尔和毗邻它的阿尔法区地位的关键，在于这里吸引富裕游客和居民的能力，这里有顶级的酒店（仅在梅菲尔就有 3800 间五星级酒店客房）、精致的联排别墅，以及无与伦比的艺术俱乐部、餐馆和购物场所。这里的富人可以通过专车到达芒特街，坐在玻璃屏障后面的露天餐厅就餐，形成一种在街道上体验城市的错觉；到处都有站岗的门卫、服务人员的保护，还有专车在等候。

站在伯克利广场上，只有汽车的轰鸣声，没有了夜莺的歌声。这里是许多高档汽车品牌展厅的历史中心。其中名为杰克·巴克利的经销店是一家似乎不受低迷经济或网络销售影响的商业街零售店。在这里，你可以花上许多时间欣赏价值 25 万英镑的宾利轿车。这些汽车是如此的优雅，以至于人们几乎不敢让其驶入车水马龙的广场去冒险。在这里，一群聪明且自信的顾问为超级富豪挑选出最好的汽车。试车司机和兴奋的新车主会巧妙地通过展厅一侧的转盘离开，他们对宾利运动敞篷车的市区高油耗不会产生丝毫的担心。

《梅菲尔的夏天》揭示了即使在 70 年前，梅菲尔的

汽车陈列室也经常摆放着参赛车辆在伦敦周边新建的私
人赛道上获得的奖杯。其中就包括银石赛道,它在 20
世纪 40 年代作为英国第一条大奖赛赛道诞生,之后就
像大多数运动一样,成为今天顶级富人高度金融化的游
戏和观赏活动。如今,赛车运动的浪漫已消磨殆尽,但
是阿斯顿马丁、宾利(大众汽车所有)、劳斯莱斯(宝
马所有)和捷豹路虎(印度塔塔汽车所有)等品牌的历
史感、声望和神秘感仍然使得它们保持在游戏中的地
位,尽管它们在作为资产进行交易,以提升品牌的资产
和知名度。

尽管豪华汽车的价格很高,但这些玩具对超级富豪
来说只是微不足道的投资。更重要的是,它们是阿尔法
生命维持系统的重要组成部分,是在梅菲尔等地区隐蔽
而安全的交通工具。豪车内的空调、娱乐系统和滑动百
叶窗,不仅能增强隐私感和舒适感,还能增强富人与城
市的距离感。

在邻近的骑士桥,在布朗普顿路上的餐厅和咖啡店
的露天座位,可以看到来自中东的亿万富翁驾驶着他们
"壕"无人性的天价座驾。在这里经常可以看到违章停

车、危险警报灯闪烁、在双黄线上等人等现象，罚单不过是富豪为了方便而支付的费用。

有眼光的买家可能选择迈巴赫车或者欧梵①定制改造的路虎，后者精心配备了更强大的引擎和奢华配件。这种汽车的内部更像是一个设备齐全的小型酒店套房，而不是在 4 秒内将乘客从零加速到时速 60 英里的庞然大物。这些车型单是一套车轮就超过 1 万英镑，车辆的本身价值在 7 万到 25 万英镑之间。欧梵公司被阿尔法精英广为接受的一个口号是"能力、个性和奢华"。1988 年，该公司为英国政府外交官和国家元首生产了第一批装甲车。这可能有助于解释这些车辆日益激进的美学。新的设计外观更加军事化、"刺激"，这似乎是一些富人所渴望的。但如果想在安静奢华的环境中参加一场马球比赛，或者是家庭郊游，那么欧梵公司也可以为客户量身定做一个更内敛的版本。

尽管有许多人热爱运动、时髦、吸睛的豪车，但另一些人，尤其是那些顶级富豪却不希望引起他人注意。

---

① 欧梵（Overfinch），自 1975 年开始专门改装路虎的英国汽车改装公司。

真正的财富往往是内敛和低调的，尤其是在城市里。虽然镜面金属的紫色布加迪威龙跑车可能会吸引来自卡塔尔的年轻富豪，但富可敌国的寡头或超高净值公司的总裁则更喜欢乘坐看起来不起眼的黑色奔驰 S 级轿车。无论哪种车，都是赛场上的马匹，驰骋在伦敦市中心的"赛场"上。考虑到安全和不必要的曝光，富人还是认为需要多多隐蔽。

然而，这并没有减弱富人对卡恩定制改装的奥迪、法拉利，或切尔西拖拉机公司（Chelsea Tractor Company）改装的路虎卫士、Jeep 牧马人的热情，尽管这些车型出现在华雷斯或里约热内卢看起来比在豪华的骑士桥更加合适。当然，25 万英镑的标价也无法阻挡普通民众、都市男孩或富人购买用来炫耀的奢华玩具。最近，豪华手表制造商也加入了这股潮流，推出了与跑车联名的品牌手表，如理查德·米勒·迈凯轮、保时捷系列手表和宝名捷豹系列手表，这样富人即使是在酒吧或外出就餐时也能展现出自己的"实力"。

拥有私人司机仍然是超级富豪的标志。私人司机通常是富人众多员工中的一员，最富有的家庭可能雇佣多达 50 名服务人员。当然，富人也可以雇佣司机，就像可以在周末或特殊约会时租一辆体面的车。奢侈品出租市场是中等富裕阶层以及想要成为有钱人的梦想者和附庸的保留地，这些人希望通过必要的临时装饰进入圈子。租赁和付费使用豪华交通工具模式的兴起，也使得通过交通工具来衡量财富的标准变得模糊不清。拥有一架私人飞机或一辆超级跑车是一回事，但用 8000 英镑租一辆阿斯顿·马丁度过周末也能达到相同效果。同样，优步（Uber）高级轿车服务也可以用低廉的价格让你坐上好车，而黑色出租车仍是银行家和对冲基金经理的主流选择。

对于这些中等富豪来说，安全的地下车库可以停放私人汽车，从而确保他们更谨慎地远离街道。在许多隐秘的市中心地段，富人可以把车停在恒温的车库里，费用大约相当于在伦敦东区租一套公寓。这样做的好处是安全，而且还可以在繁忙的市中心卸下车上的物品。同样的原则也适用于许多新开发的阿尔法区，司机和豪车都被包含在服务费中，即公共出租车服务。在超级豪宅格罗夫纳广场一号（1 Grosvenor Square），800 万英镑可以为居民提供一套两居室公寓和一辆宾利，专人司机随叫随到。

带上司机出行可能意味着购物或美容要下车时，还有司机在黑色车窗汽车里随时等候接送。在伦敦市中心等人的黑色奔驰非常常见，它们打着双闪，以规避交通规则的限制。违章停车会招致罚款，而等待的司机可以先离开，几分钟后再回到同一地点。

要确保富人的行动自由，还需要创造独特的静态环境。许多新建的豪宅和塔楼都有可以让富人轻松逃离繁忙街道的基础设施，让他们置身于安全舒适的私人室内空间。许多阿尔法区的开发项目，无论是新的还是旧的，都会提供礼宾服务或自动进入系统。在这些地方和一些酒店，双开门系统减缓了从公共领域进入私人领域的速度，使访客在被允许进入之前接受仔细的检查。海德公园一号一楼看似是开放的车库区域，有着不断升高的障碍物，在这个接待区业主们会受到欢迎，他们的汽车开进大厦里，通过电梯到达地下停车场。随后，业主直接从地下停车场乘电梯回到他们的公寓。

与常见的华丽玻璃盒子不同，海德公园一号的电梯给人以封闭感和隐私感，从街道只能看到空白的"钢面", 但通过玻璃开口可以看到建筑的透明脊柱。外面看不到大楼里的住户，因为它在任何时候都只有大约四分之一的住户。哈维·尼克斯百货商场的客人乘坐电梯从一楼到顶楼的香槟酒吧只需一步。科林西亚酒店（Corinthia Hotel）为总统套房的使用者提供了专用电梯，使其能够避开其他前往豪华客房的客人。这些微妙的系统使得城市越来越不像社交场所，而更像是一个过度开发的私人受控领域，在这个领域里富人在自己的圈子里往来，可以避免任何形式的社交。

悬浮的世界

在过去五年里，每年都会至少发生一次媒体报道的伦敦超级跑车堵车事件。兰博基尼挤在摄政街上，布加迪和法拉利挤在皮卡迪利广场周围，这些令人好奇的画面凸显出富人在交通选择上所表现出的财富规模。交通拥堵甚至也影响了富人的生活，让他们产生了逃离的欲望，尤其是坐船逃离的欲望。许多超级富豪拥有定制的大型游艇，以及配有强大引擎的小型"追逐者"小艇。游艇和超级游艇的世界，确实是一个金钱的世界。环游海洋极度"烧钱"。数百万美元的游艇购买价格只是开始；船员工资、港口泊位费以及没有尽头的维护费用意味着长期的财务投入，这种一掷千金才是真正财富的标志。通常这种疯狂撒钱行为会因富人品味变了或心血来潮而戛然而止。世界上大约十分之一的超级游艇是由英国人注册的，但这个统计数据说明不了什么，因为游艇注册地与游艇停靠的位置无关。

一艘船最大的卖点在于它可以去任何地方，想漫游就漫游。船只和游艇可以保护富人的自主权和隐私权。大海代表着实现完全逃离的梦想，可以在不受国家和社会控制与强制的情况下选择几乎任何目的地。只要缴足停泊费或购买多个永久泊位，就可以随时使用游艇，尽管这根本不能防止超级游艇年年造成近海堵塞。

伦敦确实会时不时看到令人难以置信的"漂在河上的财富"，但它并不是超级富豪们的主要目的地，因为他们的游艇更多是用来逃离城市的。虽然泰晤士河吸引了一些比较慵懒的流量，但说到超级富豪的游艇，伦敦可比不上戛纳或昂蒂布。为什么要把一艘豪华游艇停在城市里，而这一切只是徒增去往目的地所需的海上里程？更有可能的是，在法国、西班牙或意大利的海滨建立一个停泊处，因为人们可以飞到那里，并将其作为环游地中海的出发点。远离大众、奢华隐秘的世外桃源为富人提供了参照点，对他们来说，了解这些地方就像是一种秘密握手，表明大家是一伙的。

对于富人来说，世界是一个没有意义或麻烦边界的空间——国家之间、海域之间、精致俱乐部的内外之间皆是如此。世界更像一个陈列着无数可能的菜单，遍布着令人兴奋的新体验。这些东西的价值在于真实，而真实的丧失则令人惋惜，想想卡普里岛等岛屿的现状，全球资本主义的力量造就了富人，最终却也消耗并摧毁了许多富人热爱的地方。从威尼斯等城市的民生和当地经济遭到的破坏可以看出，从市场对乡村和岛屿房地产价格的严重扭曲也可以看出，在这些地方，富人寻求的是当地居民被不断置换驱逐。

无拘无束的旅行矛盾之处在于，前往偏远地区的回报变得越来越有价值，却越来越难实现。未来许多作为人间仙境的地方都将是仿品。那里丰富多彩的剧场通常由进口的"本地"劳动力和商品提供，让富人可以想象这些渔村、田园牧歌和山村仍然像几十年前一样存在。

宾至如归的酒店

酒店是阿尔法城市季节性生活的重要组成部分。伦敦拥有世界上最多的顶级五星级酒店（75家）；排在第二位的是迪拜，有61家；纽约有59家，巴黎有56家。虽然很多顶级富豪都有自己小住的别院，但是酒店仍会作为一个重要的场所接待来访的富人和他们的家人、同事，以及在伦敦没有住所但希望获得绝对舒适体验的企业高层。酒店满足了这种欲望，同时也成了一种自我追求的成功标志——只有最优秀的人才具备实现这一切的难以言喻的品质。

在像梅菲尔这样的地方，热情主要是向这里的富人游客和居民展示的，他们会得到数以百计的助手——后勤人员、酒店经营者、安保人员和各种各样的奢侈品供应商的笑脸。这样的服务是精心安排的，可以确保让富人感到舒适并被富人认可，无论他们是在这里短住还是长居。少数几个传统意义上的世界著名酒店都在伦敦西区。老牌酒店有萨沃伊（Savoy）、多切斯特、伯克利

（Berkeley）、康诺特（Connaught）、克拉里奇和丽兹（Ritz）。这些酒店刚建成时，曾因傲慢的欧陆建筑风格被老一辈贵族看不起。而新进入短租市场的酒店则迎合了伦敦新贵的需求。在距离海德公园一号和哈罗德百货商场仅一步之遥的宝格丽酒店，是为追求特定品味的明星富豪准备的。酒店多层建筑延伸到深处，有舞厅、电影院甚至地下游泳池。在骑士桥，朱美拉卡尔顿酒店为来自中东的富豪游客提供了极致的家；白金汉宫后面的兰斯伯瑞（Lanesborough）则是海外游客的首选。隔壁仍在建设的半岛酒店的广告牌上展示着令人难堪的殖民时代形象——戴着药盒帽的仆人，凸显出酒店未来服务的阿谀奉承。

尽管有些酒店会宣称自己是"顶级"的，但实际上没有真正的"顶级"酒店。相反，不同国籍和不同阶层的富人在选择酒店时，会看重酒店的某些品质或地理位置优势——有时是为了与同胞住在一起，有时是为了住在离朋友或家人近的地方。多切斯特酒店和其他专门建造的酒店，如萨沃伊、丽兹（由巴克莱兄弟拥有，他们同时还拥有《每日电讯报》）以及克拉里奇，都是为了接待自 19 世纪末以来由国家和全球经济创造的日益增多的富人。其中一些酒店为了满足临时住客的奇思妙想对客房进行了改造，比如克拉里奇酒店就安装了按摩浴缸。

自 1812 年开业以来，克拉里奇一直是最早、最核心的阿尔法酒店之一，它经常被形容为白金汉宫的附属建筑——不是因为皇家官邸离这里很近，而是因为它与皇室访客关系密切。与克拉里奇同属一个集团的康诺特也在梅菲尔，距离已关闭的美国大使馆不远（使馆大楼后来被改造成另一家豪华酒店）；同一集团的伯克利则在骑士桥南面。就像富人的战利品，这些超级连锁酒店是企业集团王冠上的宝石，他们把这些酒店作为藏品进行交易。

如今，许多豪华酒店都为试图从中获利的跨国公司和离岸公司所拥有。拥有康诺特、克拉里奇和兰斯伯瑞的梅伯恩酒店集团（Maybourne Hotel Group）为阿布扎比投资局（Abu Dhabi Investment Authority）所有①，该机构为这些"高档地位商品"支付的价格往往远高于市场指导价。走进克拉里奇的硬木旋转门，踩着华丽的超厚隔音地毯，欣赏里面的镶金、雕塑、雕刻和绘画，就

---

① 译者注：兰斯伯瑞酒店现为欧特家酒店系列（Oetker Collection）旗下。

会明白什么是好品味。和许多其他主要酒店一样，舒适的酒吧让酒店的奢华感和低调感更加突出，酒吧有各种各样的角落和缝隙，人们可以在里面见面、聊天或躲藏。酒店大约有 200 个房间，每个房间都有两名工作人员专门负责。仅附近的多切斯特酒店就雇用了大约 50 名厨师。服务人手过剩是阿尔法区域的普遍现象，这是满足富人需求的一种重要手段，可以让富人觉得无论何时都能得到帮助。

1906 年，当丽兹酒店在皮卡迪利大街开业时，伦敦的精英们认为它很庸俗，就像是巴黎最著名的购物街——毗邻卢浮宫的里沃利街的超大仿品。酒店的酒吧极具特色，宛若向豪华和浪漫的东方快车车厢致敬[①]。前世界首富约翰·保罗·盖蒂曾一度住在丽兹酒店。20 年前，喜剧演员设计了一个小品：酒店被卖给了一位寡头，他告诉员工除了把酒店名字改成蒂茨（Titz）之

---

① 译者注：东方快车（Orient Express）是欧洲的长程列车，主要从巴黎行驶至伊斯坦布尔，以横贯欧洲大陆。历史上东方快车曾有不同的路线，但大致不离最初东西贯向的起讫点。虽然东方快车最初是指通往东方（近东）的国际列车，但后来在各种通俗文学中均已用以指代激情的异国旅行或豪华旅游。

外，其他什么都不必改变。这种荒谬很有可能发生在新一轮疯狂涌动的资本浪潮中，在这座城市，金钱几乎可以买到任何东西：黄金马桶、镀铬自行车、"黄金"鸡尾酒、足球俱乐部或镶钻的门铃。在阿尔法酒店区，甚至连交通规则都可以被打破，萨沃伊酒店外的这条路是英国唯一一条必须靠右行驶的道路。

几家顶级酒店以前曾是宫殿或庄园。例如，在多切斯特，地下室和隐居地的隐喻就引起了富人深刻共鸣。苍白的立面是由于使用了钢筋混凝土，使其成为艾森豪威尔将军在闪电战期间逗留伦敦的天然落脚点。和其他高级酒店一样，它曾是新贵时代的宫殿，当时的许多豪宅都是用维多利亚和爱德华时代的新贵财富建造的。就多切斯特酒店而言，最初的建筑是在18世纪为多切斯特伯爵建造的多切斯特宫。

今天的多切斯特酒店象征着富人和权贵的既定生活场景，它的历史展示了新贵被吸收到现有社会结构和城市本身。多切斯特酒店于1931年开业，1977年所有权转移到文莱苏丹的一个阿拉伯财团，文莱苏丹当时是世界首富，也是哈罗德百货商场的新老板穆罕默德·法耶兹的朋友。法耶兹虽然是英国建制派的局外人，但他说服苏丹不要在石油危机最严重的时候抛售英镑，否则可能会使英国经济陷入更大的灾难。后来，他因此成为这家奢侈品商店的优先竞购者。法耶兹自身的庞大资源和人脉帮助他克服了建制派对新资金和外国资金的天然反感。

　　文华东方酒店是近期酒店业的竞争者之一，它通过空中步道与海德公园一号相连，这样住在酒店式公寓里的富豪就可以享受到文华东方提供的食物和服务。文华东方酒店顶层套房的价格是每晚 4.2 万英镑，超过了伦敦其他所有酒店。曾住过文华东方酒店的记者形容那里枯燥、单调、庸俗，有人认为这些词用来形容隔壁海德公园一号的"银行家风尚"也同样合适。更严重的是，过度的金钱侵蚀了将家作为情感寄托场所的概念——一个人如何在多个住所中维持家的感觉？如果一个人非常有钱，那么家又该如何定义？飞来飞去的生活早已模糊了这些住所的区别。然而，对于富人来说，私人飞机、游艇或汽车停放在哪里，家就在哪里。"家"变成了一种可随身携带的感觉，而不是特定的地方；哪个家最好，哪个家是内心最眷恋之处都没必要再选择了。忠诚和纽带逐渐消失。当每个家都是最好的，当任何需要的支持或依恋对象都如影随形，还有什么选择的必要呢？

酒店只是超级富豪用于短期停留的一种高档场所而已。如果有合适的联系人帮忙安排，富人还有其他多种选择，比如非常短期的出租房。除了文华东方酒店套房以外，富人还可以每周花费 4 万英镑在王子门（Princes Gate）租一个有着八间卧室的套房，或者每周花 2 万英镑在贝尔格莱维亚区租一个有着七间卧室的房子，或者每周花费约 4 万英镑在海德公园一号租个有五间卧室的顶层公寓，附带可以使用它的壁球场和地下车位。这些都是专业机构提供的超豪华短租房，让富人享受家的感觉。

富人精英阶层的高度流动性意味着城市中正在出现新形式的家庭式空间。在格罗夫纳广场 20 号，正在出售一批售价在 1700 万到 3500 万英镑之间的新房子。与普通住宅的不同之处在于，它们由邻近的四季酒店（Four Seasons Hotel）提供服务，随时可以享受洗衣、宠物护理、保姆和管家服务，还有着似无处不在的影院、酒窖和 25 米游泳池。这些住宅位于美国海军前总部，即便出门在外自己的家也能受到保护，但也模糊了家和酒店之间的界线。

尽管提供了定制的奢华服务，但这个世界的审美越来越单一。虽然产品总被描述得独特又奢华，但室内设计给人的感觉是冰冷的，而且往往同质化严重：金属线织物、硬质表面、大量的铬合金装饰和冲淡的色调混杂在一起。但是，这些天价公寓、酒店房间、套房和住宅没有任何明显的区别，这很重要，可以让富人在没有过度差异性的情况下移动。富人在迪拜、纽约和伦敦之间穿梭，穿梭于非常相似的地方——阿尔法精英的非主流空间。只有在常住伦敦的富人（不是超级富豪）家中，才能发现更加多样化、更有个性的元素，比如一些冷门的艺术、独特的品味和特色鲜明的兴趣。另一方面，频繁的移动会产生让人安心的相似环境，这是一种围绕流动需求而非情感依恋所建立的特许经营空间。

住宅之间的高度流动性，复杂的家务和仆人的安排，以及在多个目的地随时待命的服务人员，都是顶级富人家庭的生活方式特征。甚至每个住所可能都有相同的衣柜，这样就能最大限度地减少混乱——在相同的地方有相同的衣服，以便在纽约、伦敦或法国南部都能随时穿上。这种为保持生活连续性而做出的努力减少了富人们由于经常搬家而产生的"摩擦"感。

购物

拱廊侍卫①是伯灵顿拱廊（Burlington Arcade）历史悠久的私人侍卫，在这个并不以混乱著称之地，他们是戴着礼帽的谨慎和平捍卫者。伯灵顿拱廊有一系列奢侈品商店，出售各种各样的东西，从剃须刷到羊绒毛衣，再到古董劳力士手表，应有尽有。和伦敦西区的其他几家商场一样，它有高水平的管理和服务，就像磁铁一样吸引着富人购物者。他们从豪华住宅和酒店中走出来，很快就能进入装有电磁门锁的商店。这里或多或少都有一些秘密的私人空间，可以在不受监控的情况下进行消费。只要足够有钱，就可以在哈罗德百货商场以及其他几家为富人提供定制服务的购物中心霸占顶层超大私人观赏室。

---

① 译者注：伯灵顿拱廊的侍卫（Beadles），是伯灵顿拱廊的一大特色，也是世界上最古老、规模最小的私人警卫——他们在伯灵顿拱廊成立之初就开始存在（1819年），最初的5个侍卫是由乔治·卡文迪什勋爵从第十骑士军团中选拔出来的。

奇幻的世界

阳光明媚的日子里走在斯隆街上，会看到皇家珠宝店巴德斯（Boodles）外的临时小海滩和美丽花朵。这个地区经常更新，就像一场为富人表演的戏剧，让他们保持兴趣和快乐。但是隔离和安全的设计也无处不在，甚至连切尔西豪宅区的临时厨房——世外桃源咖啡厅（Hideaway）也不例外。就连劳力士也在其海德公园一号门店进行闭门装修的时候，开设了一家"快闪店"。为了吸引挑剔的客户，重塑能力一直很重要，而国际一线品牌的旗舰店就是关键招牌。

哈罗德百货商场是塑造阿尔法城市的各种力量的交汇点。公司拥有 4500 名员工，业务涵盖购物、美容护理、物业管理、房地产销售和富豪餐饮等各个方面。尽管许多游客可能没有能力购买店内展示的许多商品，但是原则上哈罗德对所有人开放，所以它也使奢侈品体验变得大众化。对于富人，商场都记录在册；管家和工作人员会在这里为雇主购物，而富人自己则会走到商店后面，被引向离街道不远的电梯。在这里，新旧富人汇集一堂，哈罗德百货商场现在由卡塔尔主权财富基金拥有，这标志着又一处被许多人视为国家利益的宝藏被金钱的力量反向殖民。

这座城市似乎有两颗心脏：一颗心脏高效地跳动，让富人的身体轻松活动；另一个较弱的心脏则在挣扎，有时甚至无法维持公众出行。重点不只是观察两者隔离的系统和途径，而是应该反思由这种封闭和私密的世界所塑造的心态和价值观。就在我们希望看到富人融入这个他们有时称之为"家"的城市时，他们却与城市隔绝，深色玻璃窗、隔音房间、封闭的豪华舱室和休息室遮蔽了他们的视野，如同"无菌"的社交活动，极具组织性，不受外面更加真实而混乱的城市干扰。这是一个没有痛苦迹象的世界，社会责任感和联系感与富人的道德框架脱钩。即使是在流动中，富人也看不到伦敦的多样性或烦恼，因为自制的假象掩盖了一切。

伦敦就像一台机器，让那些与世隔绝的超级富豪们忘却一切。从顶层公寓和高层住宅往下看，可能会产生一种社会眩晕——一种对尘世吵闹和社会混乱的恐惧。这种城市生活对任何共存、互惠和利他主义都有阻碍作用。从城市富人与世隔绝的社交圈子和泡沫空间的角度来看，上百个公共住宅区的拆除、街头乞讨、房产税、创纪录的刺伤事件、过度拥挤、绝望的学校和高压下的公立医院能意味着什么？

空间很重要，它塑造了富人及其附属者的主体性。这创造了一种奇怪的心理政治形态，似乎给了大多数人想要的东西，实际上却带来了日益疏远和病态的环境。我们无法将社会倒退的规划决策、公共开支的削减、家庭的失所迁移，与富人和城市精英以及更广泛的助纣为虐者的封闭建筑、狭窄社交网络和受限移动模式隔离开来。多年前分析人士就提出了关于隔离的危险警告，一部分原因当然是它对穷人的影响，但另一部分，也因为当权者相对于其余的人越来越多地为自己的利益而活，与他们所做的政治社会选择的后果脱节。

从这个意义上说，阿尔法城市的移动世界抹去了城市不成文的规定——城市被指定为一个场所，在这里，与多样性的相遇，使居民对其他公民产生了解和共鸣。这种民主、相互联系的城市对富人来说不存在。取而代之的是超级跑车、私人飞机、私人电梯和巨型游艇，它们支撑和推动着富人的身体，往返于住所、休闲场所以及工作场地。公共城市的概念让位于地下、高架和地面的密封通道网络。在这样一个城市里，富人和他们的代理人看不到，更不关心那些不在他们居住空间或社交网络中的人。真正的城市，挣扎的弱势群体生活的社会内核变成了一个完全不同的空间，不被知晓，也不在道德层面上被承认。

6 私人堡垒

正如人们所见，财富使人孤立。虽然，阿尔法城市对富人来说看似是开放且自然的环境，但与此同时，阿尔法城市也是他们的"软监狱"，一个由与世隔绝的掩体、堡垒住宅和门禁社区组成的豪华区域。城市的美妙空间维系同时也禁锢着超级富豪的生活。这种囚禁背后的作用力是阿尔法生活方式的核心矛盾——伴随着巨大财富而来的是无法解决的焦虑。

焦虑和恐惧是普通人所处的更广泛社会结构的关键元素。关于潜在风险、不确定的未来，以及日益加深的不安全感的文化理念无处不在。然而，富人的不同之处在于，他们应对日常恐惧的方式是通过制定极其详尽甚至极端的策略，以实现全面掌控的感觉。然而，最终却创造了一个越来越排外的环境，这种环境甚至更令人焦虑。

对超级富豪生活方式的研究结果表明，他们的担忧是由多种恐惧驱动的——担心生活被打扰、隐私被侵犯、家庭遭到侵扰、财产损失、被欺诈、资产被侵吞，甚至还有可能面临生命危险。如上一章所见，富人特别擅于使用某些策略和技术来巩固现有的逃避或者参与模式。因此尽管这些模式与大多数人的日常行事方式一致，但是其降低风险的强度却在更广泛的层面上发挥作用。巨额财富使富人觉得与众不同，会成为犯罪分子的潜在目标。这导致富人全力以赴地去保卫他们的财产、身体、思想、家庭和事业，当然还有金钱。

去趟位于肯辛顿高街的班纳姆保安商店，就会真切感受到伦敦阿尔法社区对细节和安保的重视。在这里，你会看到一派繁忙的景象，富人以及其他富人的仆人环绕在钢筋门、保险箱和枪柜之间，争相与工作人员沟通。售卖的这些设备都是为了营造出一种日常家庭的幻觉，同时掩藏家庭内部悄悄使用加固门和防碎窗的事实，而真实目的却是将其变为一个迷惑窃贼的陷阱。

但是含蓄并不总是重要的，许多业主都在寻求能让不法分子不敢轻举妄动的功能。这些措施包括使用显眼的监控摄像头、入口的视频电话、钢制格栅以及一旦陷阱被触发就会立马报警的警告标志。这些就是许多街道上阿尔法堡垒的常见装备。走出店门时富人内心唯一想法是如何战胜一群充满创意且装备精良的窃贼，这群家伙可能会洗劫任何一座不如中世纪堡垒坚固的房子。

伦敦承诺，尤其向那些来自更大风险地区的国民承诺，这里是个低风险的环境，至少外部风险可以降低。法治和低犯罪率让人安心，让富人在户外公共空间散步成为可能。然而，尽管一些地方被公认为很安全，但是不进行风险预测并制定安全战略仍是一种愚蠢的做法。正如一个老笑话所讲的那样：有人问一个撒粉的人在做什么，他说粉末是用来驱赶大象的。提问的人认为他疯了，告诉他方圆千里并没有野生大象。结果那人笑着说："这正说明我的方法有效，不是吗？"

阿尔法社区一系列可见的和不可见的安保措施给人印象深刻：偏执和恐惧永远不会远离富人的想象，富人正担心着那些大概永远不会发生的事件。但是如果认为他们只会坐在这些精美的蚕茧里瑟瑟发抖，那就大错特错了。一般来说，安保问题是由其他人来处理、安装和管理的委托事务。地点、空间和车辆之间无缝过渡，雇用司机和其他工作人员，使富人感到轻松而不是恐惧。但无论如何，这些复杂的安排和设施以富人感受到危险为前提。家庭入室盗窃、酒店劫持、珠宝盗窃和暴力抢劫的故事总是层出不穷，这说明采取预防措施十分必要。停止担忧可能会招致灾难。

用锁来保护房子很明智，但这对富人来说却是家庭防卫的最基本方法。他们的安保系统包括私人警卫、应急室、动态感应摄像机和生物印记门禁系统，以及一系列昂贵的额外设施、人员和定制产品。这些强有力的风险应对措施具有更加广泛的影响：富人的家庭安保措施并不局限于其大门或院墙。安保人员和设施不仅保护富人，缓解其焦虑，而且产生了一种更普遍的审美和氛围，影响了更广泛的城市生活。这些行为改变了传统开放式街景的感觉，也改变了为全面安全而设计的住宅的感觉。通常，这种富人豪宅已经"生人勿近"了。

在整个阿尔法社区，一些明显的符号表明了消极情绪和恐惧心理到处可见。其中包括了闭路电视摄像头、商店门后的守卫、黑漆漆的车窗、许多家庭门前的大型电子门、雇佣的大量家政工作人员、道路上的轰鸣声，以及代表私人道路的标识。然而，这种行为不是为了妨碍富人的生活，也不是为了引起不必要的担心。其结果似乎是一种将特别行动与意大利剪裁结合在一起的美学。为了应对可能升级的威胁，酒店或商店的安保人员通常由身着黑色西装、佩戴耳机的年轻健壮男子担任。根据威胁的性质，他们会迅速改变开放程度，无论威胁来自穿着不当（被转移到另外更合适的场地）、吵闹行为（迅速平息或制止），还是抢劫企图。成排的高档联排别墅可能会被家庭安保系统迅速封闭，也可能被警察或私人安保人员的快速反应小组挤满。

暴富的根本挑战之一是知道谁可以信任。但这始于另外一个问题：谁可以指认可信之人？风险与财富并存。城市的富人精英成为窃贼、诈骗犯以及网络犯罪分子的潜在目标，或成为"背信弃义"的员工（他们离职后可能会说三道四）、理财经理和会计师的攻击目标。

富人之间流传着要避开谁、要接触谁的传言和故事。当个人、大众和个体财富之间的差距如此巨大时，信任本身就来之不易。

因此，上当受骗的可能性始终令人担忧，同时这也是潜在尴尬的来源。在这个追求享乐、物欲横流、充斥着挥霍以及炫耀成就符号的媒体文化中，富人地位令人垂涎。富人亦有自知，并采取相应行动。意识到灿烂微笑背后可能存在的是嫉妒和恶意，富人尽可能地聘用高薪、长期员工。其中，可能包括由财富顾问和私人顾问组成的家族办公室、值得信任的管家以及极少露面的保镖和安保人员。顶级富人家庭还有家庭随从人员，主人不在的时候他们依然被保留，以确保家庭运转的连贯以及维护和安全。但是，由于很有可能会雇佣到有风险的或有风险关系的人，又或是对安全工作松懈的人，富人不得不密切关注到底谁能进入家中，谁又能接近自己的孩子和财富。

安全不仅仅是人如何行动或者家中安全性的问题，它还包括如何确保投资安全、子女教育安全、生活以及社交安全等一系列事务。安全最重要的原则已被泛化，表现为富人渴望在鹰巢一般的家、私人俱乐部、画廊、学校以及专有购物场所等受到保护的隐秘空间之间实现无缝流动。富人对安全的渴望还与财富积累策略有关，比如如何使用伦敦金融城设计的金融工具，如何与离岸和保密司法管辖区联系，以及土地和房产在经济动荡的世界中提供安全投资的作用。

最终，围绕保护生命财产安全将城市不同方面整合起来，这是富人与城市关系的重中之重。在富人的想象中，城市仍然是一个安全、民主、法治、可以不受干扰自由活动的地方。对于已然对自我崇高地位感到焦虑的富人来说，这些都是阿尔法城市都市主义的价值所在。

然而，对于城市里的富人来说，日常生活仅限于安全的生活区和振奋人心的空间，就像生活在一个壮观、舒适的开放式监狱般的城市环境中。从这个角度看，富人制造了一个生活在独特且高度精细化治理的居住区中的特权群体的印象——尽管富人可以在其中肆意驰骋，但其行为终究仍要受到空间边界的严格限制。伦敦的阿尔法社区就像一个大型的封闭社区，它给人一种拥有一切所需的错觉，但事实上，它与其界限之外可能存在刺激性因素和威胁的空间早已脱节。

乍一听，以上观点似乎是一个大胆的断言，因为大家已经看到了富人的丰富资源及其高度流动性。然而，在现实中，超级富豪们的日常路线和行动轨迹却以相当固定的方式从一个安全节点或安全空间抵达另一个安全节点或安全空间。毋庸置疑，大多数富人极力否认"特权带来镀金牢笼"的说法，但很明显，"只和同圈子人玩"是他们日常社交的基本特征。尽管都很华丽和富贵，但是精英们经常光顾的地方也就那么几个俱乐部、社区、休闲场所和住宅。

阿尔法安全模式

阿尔法社区中弥漫着微妙的安保化外观和氛围，其随着区位和家庭组成不同而各异。防御的策略也是各不相同的，尤其是在新老居民之间、郊区和中心城市之间。另一个造成阿尔法社区外观不同的关键因素是富裕程度和富人自身的国家背景，俄罗斯人往往更有安全意识，欧洲人和老派英国人通常不那么有安全意识。然而，新财富带来的地位感也与防御有关，从这个意义上说，阿尔法社区形成了一系列的微小领域，如同分散的安全气泡,可以在需要的时候施加管控以挡住或驱逐威胁。

这几年来,伦敦已经将街道安保化、公共空间私有化,并在市中心几乎全面安装了监控系统。这种努力在很大程度上源于 20 世纪 70 年代和 80 年代经历的国内恐怖主义和一系列爆炸事件,这些事件促使城市大规模部署了先进的监控技术,特别是闭路电视。这些准备一直是针对不守规矩的公民,或用于防范最近恐怖主义给城市带来的巨大冲击。城市外观和氛围上的广泛变化使人们意识到,焦虑是阿尔法城市秩序的关键原则,它源自巨大的不平等、对风险的技术反应,以及对任何无序的不可容忍。

伦敦被富人占领,部分体现在围绕安全原则对许多地区进行了几乎全面的改造。安全永远不嫌多。这成了不成文的规定,这种逻辑已扩展到目前尚不属于富人的住宅和环境,因为如果不这样做,自己以及自己的家就变得更加容易遭受侵害。不断扩大的安保系统覆盖了富人豪宅、城郊社区、城市邻里、村庄,甚至包含了根据保护富人原则合并的城镇。

阿尔法社区生活强调的预防风险原则和专门的安保规划产生了新的领域——可防御空间。由私人保安设备和监控系统保护的尊贵住宅、封闭式社区和主要街道，可能会出现激进的反击措施。漫步在主要的阿尔法式开发项目周围，例如贝尔格莱维亚的广场、切尔西古色古香的别墅、科巴姆或杰拉德十字区这样的郊区，人们会觉得自己不属于这里，仿佛非法入侵者。每当进入私人道路，甚至只是路过那些装有安保设施的住宅或小区的门口之时，被审视的感觉都可能会油然而生。

在许多这样的富人地区，管理家庭、清洁街道以及在边界巡逻的服务人员数量之多令人咋舌。当城市规划学家简·雅各布斯提出"当有一双眼睛注视街道，可以提高社区的安全性"之时，她肯定没有想到这种由富人社区和大批助手组成的超级安全景观。人数众多的服务人员是代替富人承担监视和安保工作的有偿"眼睛"，而不是相互照应的社区成员。给人的总体感觉是，这是在没有社区甚至是在没有居民的地方寻找安全。

在伦敦市中心，阿尔法社区积极的战略规划被转化为相应物质形式。诀窍是确保对潜在危险的对抗尽可能微妙。摄像头的小型化意味着监视往往不引人注目，但保安员正坐在接待处监视着一整排的屏幕。在海格特的主教大道，有的房子在前门设有警卫门岗，而剩下的房子门和围墙都无法看见。

直到 19 世纪末，伦敦西区有大约 150 个私人栅栏用于阻隔噪声、交通以及普通民众进入。在某些情况下，除了贝德福德庄园白天也要凭证才能进入之外，这些关卡在白天是开放的。这些大门带来的不便和反民主性质引起了公众的强烈不满，继而引起了骚动，最终导致了 1890 年和 1893 年的《伦敦街道（拆除大门）法案》的颁布。① 之后 1894 年的《伦敦建筑法案》还禁止了横跨街道的任何柱子、横杆、栅栏或栏杆。在这一时期，伦敦西区几乎没有发生过骚乱，但加速了人们成立保护财产的协会。如今，人们又一次意识到对空间和财产的控制不足，迫使个人或整个社区利用他们的综合资源来购买额外的安全保障。在这些地区，富人普遍认为国家提供的治安与安保服务是不够的。

伦敦市中心的阿尔法社区，特别是在较大的道路上

---

① 彼得·阿特金斯（P. Atkins），《西区是如何获胜的：维多利亚时代伦敦拆除街道障碍的斗争》（"How the West End was Won: The Struggle to Remove Street Barriers in Victorian London"），《历史地理学杂志》，1993 年第 19 卷第 3 期，第 265—277 页。

的，安全需求与充满活力的街道生活已经可以结合起来了。但这种既安全又宜居的地理环境复杂且多变。例如在骑士桥这样的地区，人们会发现一种"贝壳和蛋黄"的拼贴，更加柔软的内部街道让人感到舒适和受到保护。在这里可以找到一种近乎村庄的氛围，小酒馆和小商店坐落在朴素的马厩式洋房旁边（通常与它们惊人的造价不符），相映成趣。与这些相对温馨的空间形成鲜明对比的是，使馆区、大使官邸和超级富豪的豪宅则营造出一种令人生畏的强硬氛围。在这里，人们可能会在街道碰到牵着阿尔萨斯犬的保安，或在街道入口岗亭处遇到守卫。附近的肯辛顿宫花园有很多武装警卫和警察在巡逻，当安保处于高度戒备状态时，街道的大门可以关闭。花园周围密布着禁止拍照的标志，但奇怪的是，在这个宽敞的街道上可以使用咪表停车。

这些观察结果强调了伦敦西区当代外观和感觉的重要特征：在这里，富人和超级富豪的住所、酒店、豪宅、公寓楼、商店和银行等高度安全的节点，几乎被技术和安全装置"抬"出了城市。这些基础设施能够控制和协调居住生活，过滤掉非业主或不受欢迎的人，并把他们限制在其他地方。然而，紧挨着这些地区，人们可以发现无拘无束开放的街头生活，就如同从封闭和充满猜忌的地区进入其他日常接触和开放的地区。

对于新来的富人来说，阿尔法社区有个非常理想的特质——提供安全的居所，从那里可以前往同样舒适和安全的住宅、俱乐部、餐馆以及体育和文化活动场所。在汉普斯特德的前利华宅邸已被分割成豪华的公寓区，花园里警卫带着警犬在巡逻。非住户要通过门口的可视电话进入系统才能询问他们的业务，而周围到处都是警犬警告的标志。这些新措施延续了城市防御工事的悠久历史，包括街道路障和防止人们随意进入的守卫。

警犬巡逻警告

新阿尔法开发项目如兰卡斯特（The Lancasters）、海德公园一号或圣乔治码头，从一开始就将关键的安全功能轻松地嵌入基础设施。代表案例是大使馆花园的超级安保，从这里可以俯瞰新的美国大使馆。衣着考究但随意喝咖啡的人会受到便衣警察的盘查。咖啡师的小费罐中装满美元和欧元，他们被详细告知遇袭时该怎么做。在这里，即使是富人也被带入更强大的安保系统轨道，几乎每件街道家具看起来都像嵌入了摄像头。海德公园一号建筑的外部玻璃墙给人开放的印象，但同时也掩饰了它区分非居民和居民的作用；车辆在地面层被允许或拒绝进入，所有邮件在最终交付前都要经过 X 光检查。

在许多阿尔法地区，安全系统也被嵌入购物和商业基础设施。珠宝店和著名酒店一直是抢劫和袭击的目标。2014 年，一个骑摩托车的团伙在伦敦西区附近发动了多起袭击，在被逮捕前他们打碎了多切斯特酒店（该酒店在同年发生两起袭击）、朱美拉卡尔顿酒店和另外两家珠宝店的橱柜，偷走了里面的珠宝。近几年，在巴德斯、伊夫·圣·罗兰（Yves Saint Laurent）、塞尔福里奇（Selfridges）和斯隆广场的蒂芙尼也发生过引人注目的抢劫案。2018年，在短短的三个月时间里，伦敦市中心有价值超过100万英镑的手表被盗。所有这些关于犯罪的议论、抢劫的风险以及胆大包天的罪犯必然强化了人们的安全意识，或许也会让人们感受到，伴随着财富到来的，是潜在的不法与暴力。

旗舰店通过具有符号性的、令人生畏的奢侈品和门口的警卫，微妙地过滤了不受欢迎的社会元素。在特别需要安保的地方，比如珠宝店和银行，通常会将大门上锁，直到顾客通过安检，或者使用双重大门以实现顾客的暂时隔离。这样一来，既要向所有人开放，为"合法"用户提供无缝过渡的感觉，又要确保对资产的严密保护，两者之间的矛盾可想而知。

如果我们走出城市，回到在郊区的飞地，甚至会发现更安全的阿尔法区。如果富豪买家想要完全控制自己的财产，精英房地产经纪人通常会把他们引到这里。在这里，空间更容易安装各种监控系统并守卫家的边界。在伦敦附近的郡县，超级豪宅以及大大小小的门禁式住宅的数量正显著增长。这些地区的城市化和安保化程度越来越高，与曾经和农业与封建紧密联系的乡村印象格格不入。这已经明显超越了乡村的概念，在许多情况下，与之伴随的是自由被剥夺的印象——被封锁的道路和高速公路随处可见，公共人行道上的通行权与新业主保持完全隐私的愿望相冲突。

伦敦外围的阿尔法社区给人一种伪乡村空间的感觉：这是一个充满安保岗亭而非引人入胜的地方。这里往往是明显封闭、电子眼密布的地方，在许多情况下景观并不友好。从一个飞地到另一个飞地，警卫开着厢车巡逻，服务人员在豪车飞驰而过之时成群地穿过大户人家的大门。在某些情况下，安保措施是一种纯粹的象征符号：在门口等待片刻，大门就会慢慢打开，但这种设置的意图很明显，你不住在这里，也不属于这里。在这些地区，唯一的生命之声来自风、来往的车辆以及飞机在滑入希思罗机场时上空的缓慢轰鸣。

长期以来，经济一直是维护富裕地区社会威望的重要手段，以此抵制让社区变得多样化的公共和经济适用房。富裕社区创造出封闭的空间，通过高房价和高租金将穷人拒之门外。这些地区的变化很早就开始了，如今可以再次发现，在走向更深程度的私有化以及富人精英撤退到高墙与大门之后的轨迹中，既有连续性，也有强化性。在许多风景如画的村庄里，农场工人的屋舍已经被中产化了，而附近的门禁车道则通向新开发的住宅区。这些住宅区与树林融为一体，既保证了私密性，又掩盖了开发的规模以及豪宅的真实大小。人们经过时可能对无处不在的安保布置知之甚少，或者对这种新的独特场景的范围缺乏了解。新的边界、电缆、基础设施、小道和住宅交织在一起，给人一种半城半乡的印象，让人想起电影《复制娇妻》（*The Stepford Wives*）中的生活。

　　私人安保的细节、大马力的汽车和安全的飞地，成为城市新的住宅景观，而堡垒和复杂的监视系统似乎进一步增强了"成功人士"的偏执。持枪的安保人员出现在豪宅的庭院，为安保人员提供了控制室与宿舍，在酒店里为超级富豪提供避难室，这些都勾勒出一个布满窗帘、摄像头和警卫的高度警戒、让人战栗的住宅景观。正如所见，所有这一切都仿佛形成了一种自我管理的自治区。

堡垒之家

对富人来说，关键的防御阵地是私人住宅，这是所有赌注和冒险都可能对冲的地方。最早的阿尔法城市住宅是位于骑士桥或梅菲尔的贵族中心区可能有六间卧室的大型联排别墅。在这里，人们会看见坚固的门锁和视频门禁系统，有时还需要输入密码。这是一种缓冲区，传统的家和街道的连接变得模糊，目的是得到更高的控制力度。门的上方可能会安装小型闭路电视摄像头，通过红外线实现夜视功能，它将实时画面传到屋内屏幕或主人手机上，以便对访客进行远程审查。房屋地面层会安装强化玻璃窗，当主人长期外出，房屋可能会安装安全格栅百叶窗，即使窗户被打破，罪犯也无法进入（使用坚韧的聚合物以防破损）。前门将有两个钢制硬锁，虽然看起来是实木的，但通常会用钢材加固（或按照更高规格定制）。硬质木材制成的大门在冲击之下会弯曲，以防止断裂，这也是房屋的标配，让人感觉越来越坚固。

伦敦超级富豪的典型住宅是一个高科技安保设施，里面布满了层层叠叠的基础设施。据估计，在伦敦市中心购置一栋这样豪宅，要支付的管理费约为每年 5 万英镑。顶级豪宅往往还要增加许多额外的安保功能，成本更加惊人。更极端的情况是，保安措施的列表听起来像是"007"系列电影中反派为了保护堡垒而列出的愿望清单。这之中可能包括在窗户内侧安装可折叠的钢门、枪支柜（当然，这需要申请枪械许可证）、能够喷射窃贼以便日后侦测的 DNA"水"系统，以及用浓雾淹没房间使窃贼无法看到可能被盗的东西的"雾化"系统。

只要有足够的资源，就可以安装快速自动百叶窗，一旦入侵者触发警报，便会立即封锁关键房间。另一个相关系统使用电磁密封门，可以远程关闭大门，捕获入侵者。传感器可以监测家庭生活的各个方面。例如，它可以调节振幅、温度（防止损坏艺术品），甚至检测重量（确定主人是否在家）。此外，还可以安装更复杂的探测器，例如运用声波探测器捕获玻璃破碎的声音。红外线光束是防盗报警器的标准配置，而多层入侵探测光束也可以被用来确保飞贼无法跳过或避开光束而进入房屋。

安保设备的清单还有很长，供应商从事提供建议、支持和安装的盈利业务。指纹锁开始入市，而保险箱则可以用于触发入侵者警报——一个密码用于正常访问，另一个密码则用于报警有人在胁迫下打开保险箱。紧急按钮必然和安保系统的快速反应单元相连，还有便携式版本，有点像小型对讲机，可以在家里随身携带。不同公司还提供钥匙代持服务，如果钥匙丢了，公司会用摩托车快速送达，他们提供的即时服务十分到位。

在很多情况下，主人不在意味着只能由工作人员来负责物业安全（在门禁社区，这种情况较少）。这再次凸显了主仆之间长期形成的高度信任关系，以及聘用经推荐的工作人员的重要性。工作人员既要维护房屋的安全，也要在主人不在时检查提供服务的公司。这也意味着，有工作人员在场，住宅看起来仍在运转。

在阿尔法公寓街区和大型住宅中，工作人员的门禁卡只能在特定时间和限制下进入家里某些区域（比如晚上禁止进入卧室或酒窖等），只有业主或"主人"才有权进入所有区域。对工作人员访问权限的设置增加了家庭中的阶级分层和不信任感。烟雾探测器和恒温器等设备中安装的摄像头，可以监控员工和潜在入侵者，例如主人离家后也可以监视保姆带孩子。在某些情况下，对安全的需求促使富豪申请扩建已经很大的豪宅，以容纳家政人员甚至是私人保镖。虽然伦敦并不到处都是保镖，但某些特定群体和其他有特殊顾虑的人当然会使用保镖。比起保镖，有过基本战斗训练的司机更为常见，他们的简单陪同和保护起到了双重保障的作用。

很多重点住宅开发项目甚至安装了更先进的安保系统。在海德公园一号的公寓安装了虹膜扫描安全通道和防炸弹玻璃。据报道，守卫公寓大门的是经过特殊训练的保安人员。如果真想在安保设施中增加时尚感，"精英皇冠珠宝"智能门铃似乎很有吸引力。这套18K金的入户系统由钻石、蓝宝石和一个1080P运动感应视频摄像头组成，售价"仅"为7.2万英镑。我们甚至期待，"精英"将捐款支持帮助罪犯改过自新、重新融入社会。

皇冠珠宝门铃是亮闪闪的安防形式中一种安装在细微且不显眼之处的神奇设备。但是，随着区别住户、游客和新面孔，之后还可以将拍摄的图像发送到业主手机上的摄像头出现，我们又可以看到高科技对安保需求的迅速响应。部署在一些较大的和最昂贵的门禁社区里的摄像头系统，要么与私人保安公司连接，要么在特定情况下与警察联系，比如在萨里郡温特沃斯庄园的 19 个入口，就安装了警方的摄像机和车牌识别系统。

监控设备不仅可以监视入侵者和火情，还可以处理冰柜故障，或检查家中环境温度的变化，以防艺术品受到损害。这些也许更侧重家庭方面，但它们同时也满足了房主长时间空置房屋不出现问题的需求。所有这些系统都带来一种慰藉，而且很少对舒适度产生任何影响——富人可以生活在被隐藏设备簇拥的奢华中，而几乎无须额外准备和维护什么。

入室盗窃的风险不可小视。虽然因为大量安保设施的使用，富人社区的入室盗窃率下降了，但是人们的普遍印象仍然是风险随时存在，必须做好防范。家庭安全装备竞赛也激发了窃贼的创新，他们开始使用现代工具进行盗窃，例如谷歌街景或网上房产资料中的照片——后者通常包括可用来规划入口和逃生路线的地面平面图。为了应对这些策略，精英房地产经纪人现在专门从事线下房源交易，而不再使用互联网，他们直接将书面信息提供给那些经过审查的真正潜在买家。

在某些情况下，拥有豪宅的名人或富人已经采取措施把自己从地图上"抹"去了。寻求匿名的业主或名人担心有被跟踪的风险，便利用空壳公司购买房屋，以防自己身份被曝光。其他为保持匿名所做的事还包括避免在线地图绘制，举个例子，像圣乔治山这样的地区就不能使用谷歌街景，因为它阻止了谷歌摄像车进入。不过，最近还出现了窃贼使用无人机侦查房产，以及驾驶名车进入昂贵街道或门禁社区却无人在意等问题。

郊区房屋周边的安全是一个令人担忧的问题。在这里，工作人员带着狗在更大的区域巡逻。更常见的是被动措施，比如高围栏和遥控大门系统。简单有效的隐藏和保护私密性的策略当然是使用大门，大门通常有 8 英尺～10 英尺的高度，足以遮挡视线。在这样的地方，这种方式已经成为必需，而且在郊区环境也更容易部署。作为驱赶潜在入侵者的手段，这里的"技巧"陷阱更为明显，比如安装在杆上的闭路电视摄像头和横跨车道的"绊马索"红外线系统。拥有足够资源的买家不会选择靠近公共步行道的住宅，他们会青睐像温特沃斯、圣乔治山、伯伍德公园这样的安全屋苑，或者像海格特的考特尼大道这样位于城市中有警卫和路障的私人街道上的房产。

防御最严密的房屋核心就是所谓的密室。密室可以是一个相当简单的箱式房间，也可以是更大的内部空间，通常被假墙或书架隐藏。密室有很多种，但本质上都是发生入室抢劫时，可以藏身的超级安全空间。最顶配的密室还配有防弹门，并且在断电情况下可以为照明和空调系统提供备用电源。那些最著名的酒店通常也设有密室。

有报告显示，来自不太安全环境的国民，特别是俄罗斯人和东欧人，倾向于使用外围警戒和装甲车。此外，还可以雇佣带着警犬的警察，请他们护送。当然，建筑和设计可以帮助提升隐蔽性。现在流行的做法是使用高大的围栏来掩藏房屋，或者通过修建地下室将房屋像冰山一样"淹没"在地平线之下，这样一来，豪宅的全貌就几乎看不见了——这就是所谓的隐形建筑。这些设计传达的信息也许是财富应该被隐藏，而不是被炫耀。

对超级富豪而言，物理入侵只是他们的焦虑之一。

越来越令人担忧的问题是，网络犯罪分子可能会以富人为目标，他们可能连续几个月监控富人的电子邮件，收集重要信息，然后利用这些信息访问他们的账户。高科技方法还延伸到在汽车上使用 GPS 干扰器，以防被跟踪。伦敦一些最富有的市民还会担心被绑架或暗杀。为了防止通话被截获，加密手机也是必不可少的，而跟踪设备一般则用于绑架事件发生时。所有这些都表明，任何安全措施都不是多余的，在许多情况下，较明显的安全措施和基础设施几乎是一种身份的象征。

向下

堡垒城市

阿尔法城市的很多住宅在外观和给人的感觉上都显示出了堡垒风格，在整个街区和小块飞地周围也开始越来越多地使用门禁和边界。现在，英国有超过一千个这样的门禁社区，但其中大部分都在伦敦及其周边地区。这个城市有数以百计的小型屋苑和开发项目使用大门来控制街道上的进出，成千上万的家庭有地下停车场、遥控电子闸门和闭路电视系统。

仅在萨里郡，就有大约一百个门禁"社区"。这些"社区"通常都是很小的开发项目，住宅数量很少，却给人一种特权感，同时也隔绝了外界的潜在风险。伦敦大都市区通勤带上的许多城镇都出现了门禁式社区，这代表了对英国规划传统的彻底突破，颠覆了过去即使在最富庶的社区也要有向公众开放的多孔空间的原则。进入这些空间的前提是有能力为加强安全支付更多费用，而对这一点英国人尤其敏感，他们感觉受到了冒犯。

正如我们所看到的那样，19 世纪在伦敦西区设立门禁的早期尝试激起了民众反感，导致障碍最终被移除。

这既是一种现实主义对立，也是一种基于阶级的对立，毕竟禁止进入某些广场和街道增加了公众的出行时间。然而，一百多年前的辉煌已经被一系列现代化的封闭式郊区所取代。这些新的精英社区已经成为富人维持隐秘存在的手段。封闭式社区将富裕家庭的资源集中起来，创造了一个可以与外部世界匹敌的安全景观和休闲空间。开发规模较大的封闭式社区项目几乎都有足够的独立设施，例如体育设施、商店、保健中心、餐馆和酒吧。

封闭式社区已经成为这座历来珍视开放性和社会多样性的城市里让人习以为常的现象。在骑士桥和南肯辛顿有许多封闭式开发项目和私人街道，在斯特里汉姆公园（Streatham Common）旁边也有（这是 1874 年由糖商建成的泰特大厦的改建项目）。这些变化来源于对犯罪的恐惧或是为了杜绝犯罪而制定的计划。但是，门禁存在的另一个原因是富人希望保护自己经常不住的第二住宅。这些模式符合观察家所认为的"在住宅景观上展示威望的愿望"——一种"庄园领主综合征"，重新调整后适应许多城乡接合部的住宅开发。因此，门禁适应了新住宅的开发模式，买方努力工作以获得隐私感，同时对外展示他们的不可接近。当然，在许多情况下，这些努力只会让犯罪分子对谁住在那里、如何进入以及进入后可以获得哪些财富更加有兴趣。

在一个全球同等规模城市中犯罪率最低之一的城市，为什么会出现这样的开发项目？这在很大程度上与人们希望展示面向公众的门面有关，德扬·苏季奇称之为"大厦情结"。在这种情节下，这些建筑向外部世界投射出一种威望很高且难以接近的形象。[①] 同样起作用的是人们根深蒂固的恐惧，尽管城市可能是安全的，但入室盗窃仍然有真实存在的可能性，对一些人来说，甚至还可能受到有组织犯罪活动的威胁。在"安全第一"的情况下，退缩回位于隐蔽郊区的家中，就像获得了远离犯罪和社会差异的防火屏障。随着时间的推移，过去开放的街道再次出现了围栏、金属大门以及摄像头。

由此产生的印象是，在封闭式社区中，武装人员在堡垒式的住宅中工作，这是一种俄罗斯套娃式的安保安

---

① 德扬·苏季奇 (D. Sudjic)，《大厦情节：富人和权贵及其建筑师如何塑造世界》（*The Edifice Complex: How the Rich and Powerful*，*and Their Architects*，*Shape the World*），企鹅出版社，2006 年。

排，目的是与外界保持显著距离，并控制与外界的接触。在一些较大的封闭式房地产项目里，甚至还有层层封闭的社区分区。摇滚明星在圣乔治山买房的日子已经一去不复返了，取而代之的是更注重私密性、地位，更担惊受怕的阶层偏执地生活在这里。如今，筑起街垒的是富人。

2018 年，在这座城市进行无止境资本投资的梦想已经破灭。英国脱欧谈判带来的痛苦导致经济动荡是原因之一，而另一个原因是一系列关于洗钱和外国特工企图暗杀前克格勃工作人员的报道。有一段时间，对犯罪的关注与更广泛的地缘政治问题交织在一起，反洗钱行动一度出现了新势头。利特维年科暗杀事件（在格罗夫纳广场的千禧酒店，茶中下毒）和索尔兹伯里的斯克里帕尔案，只是俄罗斯政府在英国领土上涉嫌谋杀的一系列案件中最著名的两起。据估计，斯克里帕尔的袭击事件很可能是第 14 次此类袭击，其中大多数发生在伦敦（自 2016 年以来，世界各地还有 9 起引人注目的案件记录）。这次袭击事件很快引发了外交事务委员会的听证会，会上调查记者披露了俄罗斯寡头政治的运作方式、伦敦房地产市场的非法财富泛滥，以及迄今为止对此类事件一直无果的种种尝试。

利特维年科的亿万富翁朋友，鲍里斯·别列佐夫斯基在阿斯科特附近的一个小庄园里自杀，他的朋友却认为他是被暗杀。别列佐夫斯基本人住在萨里郡的一栋豪宅里，里面装有监控摄像头、防弹窗和加固的钢门。他的寡头同伴也被怀疑是暗杀的受害者，例如房地产开发商斯科特·杨，他有可能是被扔到了其居住的蒙塔古广场公寓下面的栏杆上；交易经纪人斯蒂芬·柯蒂斯的直升机坠毁在飞往其在多切斯特酒店附近的城堡的路上。

斯克里帕尔的案子给我们带来了什么？也许最主要的是非常黑暗和令人不安的世界。在这个世界里，跨国暗杀仍在继续；在这个世界里，人们无法想象安全地生活。或许还有一种观念，高层的生活有时是处于无法无天的状态的。关于俄罗斯人在伦敦遭遇袭击的故事超出了故事主人公的范畴，给人一种无政府的感觉，在这个空间里，关键人物必须利用私人安保应对英国安保的普遍不足现象。他们认为自己要照顾好自己。事实证明，对洗钱问题的普遍关注，尤其是对俄罗斯资产的关注只是昙花一现，而犯罪资本对伦敦造成的不稳定影响仍在继续。

俄罗斯人对社区氛围的影响是显著的。一些阿尔法社区的常住居民如今抱怨说，带警卫或安保人员的新居民很少与邻居互动。但他们也很担心，这些公开的安全措施可能会带来的风险。俄罗斯富豪被暗杀的案例说明富人也可能是一个脆弱群体，因为他们的财富会带来不必要的关注。有些人认为这是妄想症，有些人则认为这是基本和必要的准备。

利特维年科和别列佐夫斯基的案件在外国人群体中既是神话，也是真实的恐惧。他们注意到，外国特工的势力太大，而当地警方没有能力解决与主要贸易伙伴和国际恶霸相关的问题。说得更广些，黑社会和上层世界的交叠常常通过法庭案件和报纸报道不时曝出。最近，在坎迪兄弟参加的一场法庭听证会中，透露的一个信息就是他们害怕成为绑匪阴谋的受害者。他们的一名合伙人，也是一名会计，在武装分子闯入房间时受了重伤。而他从一楼的窗户跳了下去，摔到外面的沟谷里，折断了脊椎。

一味增加更多层次的安保和安保技术的做法，只会将越来越多的地区引入这种防御格局。金钱似乎在推动一种敌对的、不可思议的、在多数情况下没必要保护的街景建设形成。定时喷洒淡淡香水的入口大厅、灯光明亮的餐厅、私人电影院和雪茄室，会让人们觉得这些过度消费是建立在不正当收益之上的，甚至在某些情况下是建立在犯罪活动之上的。创造出如此众多财富的金融世界，经常被揭示为由聪明金融家们玩弄的舞弊世界，一个建立在使用离岸资金逃税或避税的世界。公众的愤怒现在指向富人，要转移这种愤怒需要一些心理建设，而这种愤怒经常被新泄露的文件或调查性新闻注入新的活力。所有这一切都可能给人一种感觉：超级富豪的安保安排在不同程度上与一个遍布着中介机构、具有威胁的代理人和非法行为的阴暗世界有关。

根据对社交、安全以及居住的或多或少的美好愿景，金钱力量已经改变了伦敦的许多地方。然而，这种景象奇怪地被掩盖了，很少有人有理由访问这些阿尔法地区，与当地居民建立联系的机会就更少了。尽管如此，它还是营造了一种令人不安、往往充满敌意的氛围，同时造成多孔性和步行性的丧失。许多长期居住在这里的居民谴责这些变化的程度和速度，哀叹损失了更加舒适、开放和有凝聚力的社区。今天，适应私有化生活模式的美国人、俄罗斯人以及其他外国人在这些地方安家落户，他们在这里购买更大、更安全的房屋。在新的反城市主义中，曾被用来创建精美社区，同时削弱工人阶级反抗能力的城市规划被逆转了。取而代之的是精英阶层的无形反抗——一种通过为保卫超级富人的反城市区域设置的路障来实际表达的叛乱。

伦敦的阿尔法社区已经确保满足富人的不妥协要求。但富人的偏执在许多方面都是潜在的，他们害怕没有发生、在绝大多数情况下也不会发生的事物。这种恐惧是多种多样的，特别是涉及不同民族时；于是缔造了一个超级安保化的景观，少数人的受益引起了多数人的嫉妒和愤怒。阿尔法社区的安全之悖论在于，尽管它导致城市倒退，但它仍在继续输出开放、国际化的和安全的城市表象。正如我们所看到的，这些品质构成了伦敦对那些来自全球更不安全和受破坏地区的人的长期吸引力。

但是，我们也可以将安全理解是参与犯罪和准犯罪或易受犯罪影响的富人的基本需要，他们必须保护自己不受国家和监管机构以及相互竞争的犯罪分子侵害。在本章中调查的与俄罗斯及其相关网络有关的部分最令人不安，所以富人一直在寻求自我保护。这些引人注目的案件披露了一些不为人知的活动，并让人们觉得当特定人物决意被攻击的时候，我们几乎无计可施。但这些案件和所采用的防御手段，确实对城市日常生活的安全感和运作产生了更加深远的影响。

街头警卫和安保人员使用的公开安全措施，给人既安全又脆弱的印象，使富人觉得有必要在这里保护自己。这不是道路开放、有凝聚力或快乐的社区。正如一位建筑评论家曾经说的，形式会带来恐惧，阿尔法城市近年来发展起来的住宅景观的确如此。

7 底层生活

　　将伦敦最具象征意义的两座塔楼从地方政府大楼改造为私人住宅，标志着这座城市顺应了资本和富人的需求。伦敦东部的巴尔弗朗大厦（Balfron Tower）和西南部的特雷利克大厦①（Trellick Tower）清楚地展示了什么叫"因为没钱，所以任何公共资产都必须卖给富人或者给富人使用"。这两座建筑都是由建筑师艾尔诺·戈

―――――――――

① 译者注：特雷利克大厦是一座位于英国伦敦的高层住宅，设计者是艾尔诺·戈德芬格。大厦竣工于1972年，高98米，共有31层，内有217户，是一座公营集体住宅。这座公寓一度治安不佳，但现在因为聚集了不少艺术家而得到恢复。特雷利克大厦是一座粗野主义风格的建筑，是英国的二级保护建筑。

德芬格（Ernö Goldfinger）设计的，最初的设计目的作为公共住房，而非富人的巢穴。由于缺乏足够的国家支持，这些建筑最有利可图的路径就是改造为富裕阶层的高档公寓——社会住房在日益萎缩的财政体制下似乎行不通了，而等待的用户和现金流又太容易找到了。在战后的社会平等化时期，这些大厦是满足人们住房需求愿望的象征，如今却为了给富人买家让路而驱逐租户，这在很大程度上说明了当今城市的状况。

虽然不平等已成为关键的政治问题，但富人似乎并不担忧贫困和机会匮乏。底层社会的生活成为"城市地狱"，而富人则在享受轻松的生活的同时继续榨取财富。城市底层社会是必然存在的，它由那些依赖正在快速萎缩的公共服务的租房者、无稳定工作的人、被边缘化的年轻人以及其他形形色色的人群组成。在大多数情况下，富人及其帮凶们并没有注意到与他们生活在同一个城市中的底层社会的人群所面临的巨大苦难。

大多数人看到或体验过他们身边的困难。每天的媒体报道、政治和社区团体、无数的学术调查以及城市的政治机器，都在围绕为什么贫困、城市生活为什么始终存在排斥和不平等展开辩论。这些问题已经众所周知，不平等和贫困在阿尔法城市随处可见，而城市的经济是由庞大的金融部门和富裕人口来定义的。城市生活的残酷现实仍然隐藏在"城市剧院"中，"剧院"的幕布、入口、出口和暗门使得富人往往看不见这种社会苦难的影响。在许多方面，城市构建并影响着富人的想象和精神世界。在此背景下，互惠、共同目标或社会凝聚力的论点都瓦解了——要实现这些论点，就要逃离这种令人窒息的束缚。那些对资源匮乏一无所知、对穷人毫无接触的富人，他们关爱的伦理道德又如何能够维持下去呢？

伦敦是一个极不平等的城市。超过四分之一的家庭生活在贫困线以下。[①] 当我们意识到这座阿尔法城市一半的财富由最富有的 10% 人口持有时，会更加震惊。自全球金融危机以来，伦敦精英阶层对这种不平等的理解发生了重大变化。阿尔法城市现在有了不同的运作模式，资本已经与土地市场、住房市场和政治紧密交织在一起，这不仅压倒了贫穷的居民，也掩盖了他

① 大伦敦政府 (Greater London Authority)，《伦敦的贫困》（*Poverty in London*），2019 年。

们的存在。资本作为资金流动或富人本身的流动，正在做一些我们以前从未见过的事情。

众所周知，这座城市与贫富分化的再现息息相关，但是这种弊病是如何在阿尔法城市的管理之中加深的呢？尽管穷人本应通过福利和住房体系得到城市精英阶层的承认和照顾，但自危机以来，阿尔法城市的崛起却导致社会支持进一步解体。在这里，伦敦对资本的接纳与对穷人的诋毁和其社会政治的转变如影随形，变得更加冷酷和漠不关心。底层社会的生活变得更加接近赫伯特·乔治·威尔斯（H. G. Wells）[①] 的《时间机器》（*The Time Machine*）中的莫洛克人的命运，或是弗里兹·朗（Fritz Lang）的《大都会》（*Metropolis*）中街头下层辛勤劳作的工人的命运。这种类比值得一提，因为尽管它们可能看起来很极端，但它们总结了许多人看

---

① 译者注：赫伯特·乔治·威尔斯（Herbert George Wells, 1866—1946），英国著名小说家、新闻记者、政治家、社会学家和历史学家，他创作的科幻小说对该领域影响深远。1985 年，他因出版《时间机器》而一举成名，该书讲述了一位狂热的科学爱好者为了挽救横死的未婚妻，研制出时光机，并乘着时光机穿梭时空的故事。

到和理解的当代城市的各个方面。还要补充的是，对富人和资本的追求构成了更广泛进程的一部分，而这一进程严重削弱了国家在调解超级资本主义城市中的严重过度行为和不平等时的关键作用。

富人和城市贫民之间的鸿沟表明，今天的伦敦没有成为先进开明的大都市，反而在重现爱德华时代和维多利亚时代的奢侈和贫困两种极端，同时却没有那个时代的社会使命感。那些极度富有的人很少看到，更少有人能够理解，存在于阿尔法群体之外的匮乏和机会排斥的城市。他们所处的社交网络和位置构成并强化了一种世界观，认为贫困是不幸的、不可避免的，甚至是一种威胁。

要理解富人和普通公民之间的脱节，必须确定城市生活和城市物质结构是如何掩盖社会困境的，从而使原本必须面对和解决这些问题的措施变得无效。这种对人和地方的处理方式的一个组成部分，是城市的社会问题成为一种无形的基质。城市的"底层生活"偶尔会以露宿街头流浪客或者新闻媒体报道的危险地区凶杀案的形式出现，这些危险地区近在咫尺，却又远在天边；富人不知晓，却可幸运地避免。

在富人及其帮凶中，只顾个人谋财而不追求社会效益的目的越来越明显，其中包括继续排斥城市的劳动人口。事情的走向越来越趋向于建立一个私人城市，在这个城市里，土地被资本吞噬与压榨，同时在政治上尽可能降低向公民提供基本服务和基础设施的支出。虽然金钱似乎是衡量城市成功与否的标准，但它同时也是导致许多人流离失所、社会前景黯淡的力量。

让穷人无家可归

除了阿尔法地区之外，还有一座充满贫穷、无家可归、报复性驱逐、公立学校被剥夺资金、中产化导致的流离失所、对穷人征收卧室税以及租金不断上涨的城市。这样的城市如同一个巨大的离心机，将头晕目眩、病入膏肓的穷人甩到边界以外的区域。过度拥挤、治安不足、公共交通拥挤和延误是许多人的日常经历。然而，人们对住房问题尤其关注，因为住房困难得最为明显。事实上，伦敦糟糕和紧张的住房条件似乎与其为国际富豪及其资本提供住房的计划有关。

为富人设计的崭新大楼有 500 座，而 100 多个公共住房小区将被拆除，以便为更多适合投资的住宅让路。住宅是日常城市生活组织的支点，当家庭生活变得紧张，或因住房拆除或高昂的住房成本等原因而变得岌岌可危时，其他一切都会崩溃。这种形式的崩溃已成为当今阿尔法城市生活中越来越普遍的元素。然而，随着这座城市及其政治和经济价值体系日益将住房视为一种投资、战利品或储备货币，它的核心的功能早已被遗忘。

伦敦的住房危机是金融资本和富人所引发的物质不平等和人类不安全问题的核心。在住房领域，我们最清楚地看到资本与城市工人需求之间的对立。在伦敦，330万户家庭中大约一半拥有自己的住房，四分之一向地方政府或住房协会租房，其余四分之一向私人房东租房（英国全国平均水平为63％的家庭拥有私人住房，19％的家庭租赁私人住房，17％的家庭租赁住房协会或地方政府的住房）。可以说，伦敦在为低收入和无收入人群保留一席之地的方面做得很好，地理位置却并不均衡，而且正在变得更糟。在伦敦的阿尔法地区，只有约4％的家庭住在社会保障住房，这凸显出这些地区与更广泛的城市区域之间的鲜明差别。

对住房制度进行政治处理造成许多房屋状况糟糕，并带来了居住的不安全感。近年来，私人房东数量大幅增长，其中大多数是希望从租客身上赚钱的个人投资者，数百万租户实际上在为房东的养老金和投资提供资金。这凸显了住房市场管理的一个长期问题，即一直鼓励和支持住房所有权和地主主义。鉴于伦敦六分之一的住房低于"体面住房"的标准，对这座城市的许多人来说，住房仍然是个问题，而在私人租赁领域，住房条件不达标的比例上升到四分之一（2015 年的数据显示，租赁社会住房和自住业主的这一比例分别为 15％和 12％）。租户往往也会面临过度拥挤的问题，近六分之一的公共住房租户和近十分之一的私人租房者受此影响，而仅有五十分之一的自有住房业主感到拥挤（2％）。

到这里，压力才真正开始显现。这种掠夺感不仅体现在高租金上，还体现在房东驱逐租户上，若租户抱怨房屋状况或价格，房东便会愤怒。这种报复性驱逐不仅表明了住房危机的严重程度，也表明了在城市中拥有房产所带来的权力感。在伦敦，私人房东要为几乎所有的驱逐行为负责任。在掠夺性房东"以性换租"的故事

中，我们还可以看到住房所有权和租赁之间断层的脆弱
性是如何普遍存在的。在阿尔法城市里，私人租房既要
承受长期的不安全感和不断上涨的住房成本还要面对成
为他人资源的感受。

经济规划者和政治家可能会将城市描述为一种高效
的引擎，能够有效地分配资源并创造机会，但也许更恰
当的形象是蒸汽火车。像其他社会需求领域一样，在住
房方面，城市就像一个喷射装置，它的燃料和废气是弱
势公民赖以生存的原材料。房地产机器是产生赢家和输
家的绝佳分拣机制。在市场和公共住房机会的分配方式
上，我们可以发现最明显的物质不公正现象。

过去 40 年来，公共住房一直平稳出售，但人们越来
越意识到这种出售相当于在蚕食核心住房资源。这是因
为许多房屋已被拆除，为市场和"经济适用房"让路。
通过这种方式的重建，超过 50 个住宅区"消失"了[①]；
由于私人资金无法满足这些需求，资本进入了为低收入

---

① 凯特·艾伦 (K. Allen) 和吉姆·皮卡德 (J. P ckard)，《伦敦议会
敦促拆除和重建公共住房区》（"London Councils Urged to Demolish
and Redevelop Council Estates"），《金融时代周刊》，2015 年 3 月
23 日。

和无收入人群预留的空间。这些政策通常在工党控制的行政区采用，以作为在资金短缺时期建造新房的唯一手段，其结果是土地资产被转让给企业和私人投资者。

拆毁公共住房的方案完全违背了公共住房为低收入人口提供永久居住权的首要使命。打着发展机遇、社区建设和全体公民拥有新未来的旗号，一项大规模的中产化和人口置换计划已经展开。自 1981 年以来，伦敦已售出 30 万套此类住房（占全国总数的 5％），而公共住房的等候时间越来越长。在同一时期，公共住房只能建造 6.2 万套新房，即每失去 5 套才新建 1 套。尽管购房权政策受到广泛批评，但随着鼓励廉租房租户买房的折扣进一步扩大，该政策在 2012 年重新焕发活力。虽然已经采取了一些措施来鼓励建造经济适用房，但这些方案对化解低投资、公开追求资本和所有者利益的"完美风暴"的能力极为有限。

当今，伦敦住房领域最明显的不公正之一是，政府持续出售公共住房，而穷人却被赶出家门，得不到任何支持。伦敦的许多地方都曾主持有争议的房屋销售，随后这些房屋被私人房东转为更有利可图的用途——资本进入并

毁灭，然后创造

从中获利，而国家则彬彬有礼地顺从和退出。在伦敦，购房权和对投资性房产的渴求导致许多以折扣价出售给租户的房屋又被转手卖给房东买家，其中包括富有的保守党议员。

在伦敦购房权计划下出售的房屋中，约有六分之一是私人出租的，总共有5.4万套。这些房屋的租户需要住房补贴来支付租金，于是产生了一个反常的结果，即现在伦敦的众多行政区每年为私人房东的利润埋单达

2200 万英镑①。如今，有 25 万户家庭在公租房的申请名单上苦苦等待，而大约三分之一的无家可归者已被"甩走"，他们要么背井离乡，要么前往其他区域，伦敦离心机的旋转速度越来越快，同时吸引了越来越多的投资者资金。据报道，在城市东部边缘的巴金-达格纳姆，公租房的等待时间现在达到了五十年，这太不可思议了。

租一套私人住房面临着激烈的竞争，即使努力找到一套房源，也要拼命才能保住它。这也就从根本上减少了那些弱势群体的租房选择。年轻人住房福利资格的减少，以及卧室税的征收（减少拥有"未使用"卧室家庭的住房福利），使许多人无法继续留在这座城市；因为租金水平已经封顶，收入更高的租户争相抢夺一套住房。虽然一些超级豪宅开发项目的空置率通常在 75% 左右，但那些试图留在出租房的人却遭到了旨在鼓励他们进入几乎无人能够驾驭的房产熊市的退房措施的打击。

这些措施很显然造成越来越多的人无家可归，但更常见的则是他们借住在朋友家、父母家或者临时住所

---

① 汤姆·科普利（T. Copley），《购买的权利：伦敦的错误》（*Right to Buy: Wrong for London*），伦敦议会工党，2019 年。

中。如今，伦敦政府为大约 56880 户无家可归的家庭（超过整个英格兰总数一半）提供移动的夜间临时露宿区。伦敦有超过 80 家无家可归者收容所，街头的无家可归者人数也创了历史新高——每晚约有 8855 人露宿街头（接近英国总数的四分之一）①。

在体面的居所和露宿街头之间，出现了新的选择方案，以继续榨取城市弱势群体的价值：一种临时、非正规的住宅，由被描述为"棚屋床铺"的小型单元组成，投机取巧的业主充当房东，他们出租着棚屋、车库和临时搭建的建筑。据保守估计，2017 年大约有 6000 个这样的"棚屋"，居住着成千上万的绝望租户。不出所料，在阿尔法城市的许多人看来，这不是城市底层社会激烈竞争的标志，而是市政府税收流失和可能藏匿"非法"移民的问题。这种对伦敦住房问题根源的故意曲解，是拥有房产的富豪阶层表达他们观点的明显例证。尽管如此，在很多评论人士看来这些问题凸显了伦敦如今作为资本游乐场的运作程度，同时通过咄咄逼人的

----

① 大伦敦管理局数据，英国广播公司 2019 年 6 月 19 日报道。

措施剥夺了许多家庭的权利，或使其处于弱势。

*

2019 年，据透露新任威斯敏斯特公爵计划拆除租户生活了几十年的康迪街（Cundy Street）和瓦尔登大楼（Walden House），新建康迪街街区（Cundy Street Quarter）。这些例子说明了认为市场供应的住房能够满足伦敦住房需求的想法是多么天真！在大多数新的私人开发项目中，都没有经济适用房或社会保障住房，即使有，也是像康迪街街区打算的那样，利润的最大化仍胜过社会目标和需求。即使在社会保障住房建成后，他们也会将穷人与富人区分开来。这可以从"穷人的门"或阻止贫穷居民进入游乐空间或绿地的边界看出来。无论如何，分析家已经证明，即使是被称作经济适用房的住房，也远远超过大多数公民的承受能力。

在 2018 年冬天，《卫报》首次刊登了几篇关于新开发项目的报道，在这些新开发项目中，社会住房租户的孩子无法与房主邻居的孩子玩耍，因为街区的游乐空间被隔离开来了。类似的故事还出现在试图将格伦费尔大楼大火①中的部分幸存者安置在肯辛顿街豪华楼盘的楼道中，该楼盘的公寓售价高达 130 万英镑到 720 万英镑。在这里，社会住房租户被迫使用垃圾箱仓库旁边的一个通道门。居民和评论家都在质疑为什么低收入租户被安置在如此昂贵的开发项目中，而这种解决人类需求的紧急方案则揭示了人们对社会多样性更深层次的态度。不可回避的现实是，涨潮会淹死那些游得不够快、跟不上涨潮的人。伦敦的资本和投资浪潮抬高了住房成本，也规定了低收入人群的需求不应得到照顾——买不起，你就不应该住在这里。

在精英房地产经纪公司第一太平戴维斯（Savills）为卡梅伦领导的联合政府撰写的报告中，萨瑟克的海格特庄园（Heygate Estate）是已确定的五十个公共小区之一。② 该报告提出了拆除 40 万套公共住房的建议，理

---

① 2017 年 6 月 14 日，伦敦格伦费尔大楼（居民以低收入人群为主）发生火灾，造成 72 人死亡。这是英国历史上一次灾难性的外墙保温层火灾，防火分隔和消防系统完全失灵，其严重的后果也引发了英国社会的震荡和反思。

② 安德鲁·阿多尼斯（A. Adonis）和比尔·戴维斯（B. Davies），《城市乡村：更多的家园，更好的社区》（City Villages: More Homes, Better Communities），公共政策研究所（IPPR），2015 年。

由是重新开发这些空间可以带来更高的密度、更好的城市设计，并能让现有居民得到重新安置。然而，大象公园，一个从字面上看起来像是 18 世纪贵族住宅周围的村庄搬迁项目的地方，在拆除近 2000 套公寓后却仅仅提供 74 套社会租赁住房；按照市场价的 80％算，500套应是"可负担得起的"。

短短几年后，在象堡（Elephant and Castle）这样的地方——也就是海格特庄园之前的所在地——散步，就会感到迷失方向。这里发生了巨大的变化，新的高楼林立，重新规划的道路、商店、酒吧和咖啡店随处可见。这些原本为低收入市民提供服务的地区已成为新生的阿尔法区。实际上，这些都是新开辟的资本投资场所，甚至是由伦敦左翼的地方政府在过去十年里引入的。在海浪完全淹没穷人之前，穷人可以在即将拆除的象堡购物中心的咖啡馆里喝杯茶，这是这里的穷人为数不多负担得起的选择之一。

不过，这里很快就将被彻底抹去，宾果游戏厅是为数不多可能保留在新购物中心的服务之一。即将重建于该地区的新建筑模型几乎就在隔壁，开发商雇用的工作人员看上去有些紧张，他们在等待着平息那些将从附近公共住宅街区被迫迁出的穷人的愤怒。走过这样一个地区是一种令人难忘的经历，这些街区很快就会以住房再开发的名义被拆除，只有高收入人群才能负担得起。这里已经消失了一部分城市，甚至连个影子都不剩下，大多数原住民已经流离失所到伦敦的其他地方或边缘以外。

不需要火箭科学家来做社会演算也能计算出这里以及城市其他许多地方的大量净损失。重建的计划显示，对于生活在被设计为永久交付的住房中的人来说，他们甚至几乎根本没有机会返回家园。说这是不公平的风险，听起来很简单，但事实就是如此，甚至更加严重——以利润为名义制造社会不公，本质是资本主导的城市拆除。对于这些考虑不周的项目，有很多人认为，在这个阿尔法城市中受国家资助的中产化活动大部分是由地方当局，尤其是工党议会与开发商联合实施的。一些评论员厌倦了富裕移民的迁移故事，认为这个故事不知为何已经被讲烂了。这忽略了这些中产化过程继续影响着成千上万的伦敦人，并仍将在未来多年持续下去。在 20 世纪 60 年代，伦敦的中产阶级现象只是一种地区

性的社区尺度现象，而如今这种现象已经演变为资本的
大规模迁移，地方当局和中央政府的规划已经为此铺平
道路。

有一种观点认为，之所以发生这种情况是因为所有
适合中产化的地区都已经消失，必须找到新的地址来满
足资本机器的需求。资本的增长需要新的空间，比如九
榆树项目，或者需要旧的空间，比如现有的公共住房社
区。这些对利润的追求支撑了新的计划，同时也为房地
产行业带来了新的机会。卡梅伦计划在 100 个下沉式住
宅区中拆除并重新开始建设，其前提是城市中存在不道
德和危险，可以通过让资本撕裂这些空间来迅速消除不
良形象，实现城市复兴。仅该计划就造成了 7000 套社
会租赁住房的损失。这些计划揭示了资本代表以及房
地产经纪人和政治家是如何成为财富影响发展进程的
手段的，而发展部门和地方当局要么不愿意，要么无
法从贫困社区的转变中获得更多利益。

把重点只放在最贫穷和最脆弱的地区会产生一系列
社会困境。自 1997 年以来，由于无权返回家园而流离失
所的租客人数估计在 15 万到 20 万之间，近 5.4 万套公

共住房已被拆除或计划拆除①。考虑到定位和追踪实际受影响人口的困难，这些数据可能被严重低估。目前另有 118 个地点正在进行重建或面临重建，其中 80 个地点将全部或部分拆除。这意味着未来十年将再损失约 8000 套公共住房。这些改造带来的社会伤害巨大，研究人员追踪到流离失所的租户，他们谈到政府提供的不合适的和居住距离过远的住房给他们带来了重重压力，甚至产生了心理健康方面的问题和自杀的念头。像皮姆利科的埃伯里庄园（Ebury Estate）这样的新开发项目，拆除计划再次遭遇抵制。大量证据表明，随着开发商的利益大过社会需求，曾经允诺新建更多社会住房和经济适用房的项目在建成后，根本没法兑现租户返回家园的承诺。

就连阿尔法地区也未能幸免于中产化。在一些地区，超级富豪已经开始与普通富人竞争或取而代之——在骑士桥和佩克汉姆地区，居民的经济状况也可能从贫穷变成富裕。对于拥有更多资源的人来说，我们也许不

---

① 洛蕾塔·利斯（L. Lees）、菲利普·哈伯德（P. Hubbard）、尼古拉斯·泰特（N. Tate）和亚当·埃利奥特-库珀（A. Elliot-Cooper），《社区更新与搬迁》（*Estate Renewal and Displacement*），英国经济与社会研究理事会资助（ESRC ES/NO15053/1），2020 年。

必如此担心，但更深层次的问题仍然与这座城市息息相关。如果这个城市连富人都在流离失所，那一定出现了严重问题。土地市场作为资本的永动机，将不同的中产化过程捆在一起，通过疏散现有居民为新一轮投资让路，使资本流入并创造价值。必须建立联盟和培养更强的跨阶层意识，来帮助人们看清把城市卖给资本是如何搞得每个人无以为生。

腐败选区

伦敦当下的中产化运动涉及的物质环境改造规模可与拿破仑在 18 世纪重新设计巴黎为帝国首都相提并论。然而，伦敦的计划涉及房地产、国家本身和投资者组成的复杂联盟——一个资本帝国，其唯一的承诺就是为了获取未来的价值而不顾一切进行城市改造和社会置换。

也许将正在发生的变化描述为一种逻辑或命令，而不是计划本身更为恰当。与其说，经过了城市微改造和有机更新，伊斯灵顿和诺丁山出现了新的"夏巴塔区"与"超级诺丁山"，不如说现在看到的地区规划针对的是国家可以在其公共住房方面发挥协调作用的地方。再加上财政紧缩、发展机会匮乏以及福利状况的变化，城市中穷人和中低收入人群的生活前景惨淡。尽管如此，迫使数千人搬迁的住宅区更新计划依然被描述为伦敦及周边社区的巨大发展机遇。

公共城市加速死亡

伦敦 99％人口生活水平下降的重要标志是，高层建筑从容纳中等收入和低收入者的地方转变为富人家园。这只是一系列更广泛转变中的一个因素，这种转变意味着持续的私有化和社会支持的不断丧失。现如今，甚至城市街道也越来越私有化。2017 年，《卫报》绘制了 50 多个曾经是公共空间，现在却被私人土地所有者和安保人员拥有并控制着地面的街景。这些披露引起了人们对席卷伦敦的诸多变化的极大愤怒。这个拥有众多市民赖以生存的基础设施和机构的公共城市，现在面临着一系列巨大、也许是不可逆转的挑战。认为国家是仁慈且有远见的想法越来越成为一种时代误判。市场逻辑及市场效率被大肆宣扬，而在现实中，公共资源和资产却被转移到私人口袋和供应商手中。

由社区、公共服务和相互支持组成的城市世界正在承受压力，许多情况下已经分崩离析。公共城市的死亡是政治和私人利益集团造成的，它们将公共城市市场化，减少公共财政支出减少，进行私有化、城市拆除、道路重铺和人口置换，以便为资本开辟道路。那些依赖社会支持的不幸者面临着巨大挑战，或者仅仅是试图摆脱困境。这个阿尔法城市的绝大多数人口仍然需要各种形式的社会支持，包括所有依赖公共资金和基础设施的机构——警察、交通、消防、学校、医院、社会关怀、图书馆、护理院等。虽然人们普遍意识到当前共享世界的危险状态，但拒绝提供更具包容性的未来可能带来的更深层次风险却不是显而易见的。

这座城市本已日渐式微的公民意识现在变得更加岌岌可危。自 2010 年以来，紧缩政策令社会支持肉尽见骨，这也使我们更清楚地理解城市内部如何运作——它显然在支持资本的同时以尽可能低的成本支持需要帮助的人。阿尔法城市崛起期间颁布的财政削减政策进一步加速了公共城市的消亡，造成市政和共享设施的损失。政客们对无家可归者发出劝诫，让他们回到伦敦周围的诸郡或临时住所，这凸显了当下时局变化背后的基本原则——把穷人赶走，问题就解决了。在阿尔法地区之外，城市权、获得城市支持权、安全权、健康权和学习权正在成为争夺的焦点。

从本质上讲，伦敦是一座比以往任何时候都更私密的城市。这种排他性不仅体现在为富人保留的封闭广场或国家规定的缺失上，其背后的背景比"城市纯粹是为富人建造的"这一说法更微妙。相反，越来越多的人感觉到，这座城市及其管理当局是在为财富和富人服务。你可能会说，这算什么新鲜事？至少部分新意在于这种情况的特殊性，即富人精英阶层的新一轮大规模胜利并没有为伦敦带来更广泛的利益，少数受益者并不在意城市无法以更公正、更广泛的方式传播其繁荣。战后时期在卫生、教育和住房领域取得进步性社会成果，由于市场机制的应用和对穷人的诋毁，迅速受到破坏。

当伦敦议会战后提出重建城市贫民窟时，政府的作用是带来投资、改善生活条件和加强社区建设。然而现在，规划师和开发商挥舞的"斧头"把那些设法在这些空间中找到一席之地的社区从新建时就砍掉了。在政府和企业提供的城市愿景中几乎没有体现出社会包容性或进步性。相反，在缺乏足够政府资金以及全球自由资本的竞争日益激烈的情况下，地方政府难以明确自我角色：紧缩政策会使城市成为精致的乞丐；当经济不景气时，富人会得到他们想要的任何东西。如果还有什么愿景，那就是一切向"钱"看。正是这种追求定义了什么是对城市最好的，也决定了实现这一目标所需的道路。

要真正理解阿尔法城市为何富人扎堆，为何不平等
现象四处滋生，就必须了解它是如何嵌套在全球经济中
并从中受益的。城市与其他地方以及更强大力量之间的
深层联系，构建了独特的地方社会形态。正是这种形态
让伦敦成为伦敦，也是它使伦敦成为阿尔法城市。然
而，正如我们所见，这种以市场逻辑为核心组织原则
的独特组合造成了富人和失败者之间的持久分歧、社
会冲突和资源匮乏。如果没有福利安全网、社会支持
和充足的公共服务，这些失败者就会被边缘化，甚至
被进一步排斥。

阿尔法城市的大部分市民现在都无法享受金融和房
地产经济可能带来的收益。对许多居民来说，世界城市
的地位是很空洞的，但与世界城市的联系产生了独特的
文化，以及关于如何利用这座城市实现资本最大利益的
相关假设。这种对市场的关注是以对社区和有需要之人
的需求视而不见为代价的。每天层出不穷的新闻报道都
在强调，这座城市在为国民提供体面工作、教育资源、
医疗资源和人身安全等方面已经变得多么糟糕。如今，
伦敦的收入不平等程度是全英国最严重的，甚至工薪阶

层也存在着很高的贫困率，许多社区的严重伤害和致命暴力事件数量也达到了惊人的水平，与此同时，越来越多的穷人流离失所。

在伦敦走向空洞的全球卓越地位的漫长过程中，阿尔法市民深受影响。特鲁塞尔信托基金（Trussell Trust）的数据显示，去年仅一个食品援助机构就发放了16.6万个保质期为三天的食品包，而现在全市有超过70家食品银行。[①] 评论家指出，这些服务隐含着狄更斯式的条件。尽管如此，冷酷无情的政客们仍在为紧缩此类服务的支出而辩护。这个依赖公共支出的城市正在遭受越来越严重的破坏。

核心公共设施和便利设施的关闭情况是衡量公共城市损失的指标，包括过去十年中损失了大约20个公共游泳池，其中许多被卖给开发商；关闭了图书馆（全市超过50个）和运动场（2009年至2018年关闭了54个）；以及失去了30家医院和几家护理院，其中大部分也被卖给了私人开发商。国家机构、地方当局和

---

① 译者注：食品银行提供的食物为免费供应，低收入者据实填写家庭状况表后就可凭卡领取食品。

医院信托基金等持有土地的公共机构相继出售公共土地，在获得短暂的意外之财的同时，显然最终会摧毁所有形式的公共福利。

社会压力的另一个指标可以从有四分之一的中学生有资格获得免费校餐中看到。此外，教室已经成为争论而非教育的地方。伦敦内城的教师在完成培训后，平均在岗不到五年，这说明了他们内心承受的压力之大。众所周知，社会和青少年支持服务等核心领域都受到了公共资金削减的严重影响。在 2011 年发生重大骚乱之后，伦敦的青年俱乐部数量在十年内减少了一半。这一切都提出了一个紧迫的问题：年轻人、穷人、老年人、病人和少数群体如何在阿尔法城市生存？

暴力事件数量激增，可能是城市不再作为社会空间的最明显迹象之一。除了关于音乐和社交媒体的作用的争论之外，核心问题是不断变化的政治对经济的管理和其创造的滋生更高侵略和暴力事件发生率的社会环境之间的关系。对确保稳定的住房，良好的工作、教育以及稳固的家庭和社区生活的支持在减少，这将付出可怕的长期代价。十年来的预算削减加上故意曲解，使这座城市的许多人变得不再安全，许多年轻人要么面临潜在的致命暴力，要么深陷其中。毒品交易中的大部分出口到城市其他地区甚至更远的中产阶级社区，激发了帮派在地盘和领域内的身份认同，同时也令年轻人的暴力行为日益增多。

社会和主流媒体传播并巩固了这些问题，它们强化了物质主义价值观，并通过咄咄逼人的行为准则来寻求尊重（具有讽刺意味的是，这将处于不利地位的年轻人与伦敦金融城的精英同行联系在一起）。在紧缩执法部门财政的同时，伦敦的暴力事件也在增加。但是，暴力抢劫事件的升级并非仅仅因为街道警务力量越来越少，其主要原因是这个城市的社会核心崩溃了，与此同时，这个社会核心充斥着恶名昭彰的想法、唾手可得丰厚现金的诱惑，以及社交媒体上的虚张声势。警力下降的真正原因是应对犯罪、预防犯罪、侦查犯罪和安抚民众的能力受到了根本限制。当然，这些职能在大规模削减下遭受了严重影响，警务工作往往沦为应急响应模式，这只会进一步拉远警察与需要帮助的社区之间的距离。2018 年，伦敦平均每 10 万人中只有 3.3 名警察，而 8

年前，每 10 万人中有 4.1 名警察。在此期间，伦敦的警力规模减小了 40%，达到了 20 年来的最低水平，只有 31390 名警察。与此同时，在持刀袭击中受伤的警察人数稳步上升，2018 年达到了 4700 人，比 10 年前增加了三分之一以上。①

因为无法协调和满足对贫困人口和更广泛依赖国家职能人口的支持，阿尔法城市带来了更深层次的无奈。市场导向剥离了社会城市，留下了一个混乱空间。这意味着那些引导和维持生活的关键社会机构现在举步维艰，几乎无法找到一个能够获得广泛认同的合法叙事方式。因此，更多的人没有了方向感和未来感，特别是在住房方面。随着社会纽带的缓慢破碎，民众的敌意日益高涨，没有目标的愤怒或许正成为民粹主义政治的助燃剂。这是追求市场、富人和经济目标的治国之道的必然结果，而其原本最终是应该服务于社会的。

没有更有效的理论的支持就不能谈及不平等扩大的

---

① 格雷厄姆·奥迪卡斯（G. Audickas）、菲利普·洛夫特（P. Loft）和亚历山大·贝利斯（A. Bellis），《英格兰和威尔士的持刀犯罪》（*Knife Crime in England and Wales*），下议院简报文件，2019 年。

正当性，我们很可能会继续怀疑不平等的鸿沟还会扩大到什么程度。潜在的社会危机使现在许多人感到压力和不满，一种对用玻璃和镀铬材料勾勒出来的未来的不满。尽管如此，这座城市仍在继续支持有利于资本的措施，却没有看到或者认识到这对周边地区的深远社会影响。

削减开支并不会导致社区暴力，但失去核心资金会让那些曾经给予年轻人认同感、支持与未来的制度和社区结构仅剩下最基本的功能。随着街头抢劫和反社会行为进一步蔓延到城市豪宅区和传统的中产阶级地区，除了真正富人，很少有人能够完全保护自己免受这些社会问题的广泛影响。暴徒抢劫富有足球运动员以及在入室盗窃中采用集团战术的故事，可能预示着未来城市安全会更令人担忧。当然，城市负面外部性的溢出可能会产生社会变革的种子。然而，就目前而言，城市中产阶层和最底层穷人首当其冲，承受着社会危机的冲击，深度不安全感已弥漫至城市大部分地区，除了富人，几乎无人能够免受其影响。

最高的和最好的

如何理解一个城市机器？它的政治和经济越来越适应市场，就像其"肮脏"的燃料一样？必须认识到住房市场的中心地位。这种中心地位不仅与房价、房主、房地产经纪人、开发商和税收有关，而且房地产和市场收益的逻辑已经根深蒂固地融入城市文化和那些居住在房地产世界的人们的性格之中。在实践中，这意味着一个无懈可击的逻辑，即最高效地利用住房，深深根植于城市管理者、城市规划师以及获利者的头脑中。当开发昂贵的房屋时，社会住房又该建在哪个地方？当穷人生活在地球上房价最高的地区时，他们的未来又能如何？当房地产有利可图时，社会多样性或凝聚力原则又在哪里？因此，房地产在突出当地经济功能的同时，削弱了保留和提供公共城市的建议。

房地产经济包括寻求房屋增值的房主、从销售中收取佣金的房地产经纪人、建造房屋出售的开发商、出租房屋或房间的房东（其中很多是个人），以及试图操纵房地产经济的政客。这是一种包罗万象的现象，因为其他形式的经济活动已经被挤出城市，或在区域腹地完全消失。它还假设了所有关于房地产和开发的决策都以追求房地产或土地的最高价值和最佳利用为导向。这一点非常重要，因为将这一价值观嵌入城市管理者（规划者、开发商等）的心里，就会将社会和社区的需求置于利润追求之下。

随着土地和住房市场价值成为评估社会价值的主要手段，邻里规划中社会多样性原则受到了挑战——只要能够赚钱，就对社区有好处，因为这代表投资。但是，不需多想就能理解这里的"社区"概念是多么狭隘。如果不进行某种干预，我们将继续看到那种已经占据了城市诸多地方的单一文化。不断上涨的房价和租金阻碍年轻人和核心劳动力的发展，通勤时间延长，企业难以招到员工。换句话说，市场将倾向于让资本机器的特定部分受益，而不是其他部分——对房地产行业有利，对那些雇佣或制造企业不利。资本机器有不同的部件，这些部件彼此之间绝不是完全协调一致的。与此同时，由于房地产市场不受约束，低收入家庭正逐渐被淘汰出城市。这是明显的社会不公，就像金融业给国民经济带来

的表面收益一样，它更像是对城市的诅咒和对少数人的
恩赐，而不是为这代人以及未来几代人的发展提供的储
备金。

要么相信城市所有人都有权拥有它，要么不相信。
利益凌驾于公民之上，导致整个社区被破坏的提议摧毁
了许多卡梅伦称之为"沉沦庄园"（sink estate）的大型
地产。在强势的政治叙事中诋毁弱者的做法是赶走城市
贫民的重要方法之一，以此为资本提供了帮助，因为他
们似乎可以证明，新的投资将创造更好的地方，甚至原
来住在那里的人也可以回归。但在现实中，这种为所有
人重建地方的"皆大欢喜"并没有发生——重建公共住
房计划被证明仅仅是给开发商和高收入买家或投资者的
一份大礼。

阿尔法城市的新基本法则是，如果可以从城市拆
除、建设或出售房产、土地中赚取暴利，那么任何地区
都必须实施这一法则。在这种情况下，经济适用房和公
共住房的作用会大打折扣。比如，开发商肯定不同意将
位于黄金地段的新项目中5%的住房分配给社会住房。
更糟糕的是，这种市场逻辑得到了律师和规划顾问的支

持，他们竭力为缺乏社会贡献的项目辩护，认为提供经济适用房将影响其他房屋的售价，或者认为开发项目的高额维修费会妨碍低收入居民的居住。这些观点否认了城市社会需求的整体机制，甚至认为应把社会住房布局在其他地方，甚至根本不要供应社会住房。

现在，住房更多地用于积累资本和财富，而不是确保居住舒适和安全。这是一个不言而喻的事实，令人沮丧，这种情况的存在取决于你的政治立场、相对财富和住房状况。按照经济原则运行的城市最终是否值得大多数居民居住，从来没有被考虑过。在伦敦（以及柏林、巴黎、纽约），也许二三十年前的激情、活力、多样性和生活的可能性已经慢慢被人们悼念和遗忘，同时人们又在声称新的超级豪宅、慈善赞助的艺术和更好的咖啡馆是城市活力的新标志。

如果问某人是不想要新房，还是买不起新房，这个问题显然很虚假，然而这恰恰是支撑城市大部分地区浅度复兴的逻辑。许多评论家认为，如果没有富人投资者，就不会有新开发项目。这有点像得到一块蛋糕，然后眼睁睁看着别人吃掉它。增加住房供应必然有助于抵消房价上涨，并带来新的机会。但伦敦不是封闭的系统，正如我们所看到的，在很大程度上它是一个国际市场和投资市场。这意味着，如果对住房使用或住房购买没有限制性的规定，资产很容易被资本抢购一空。有人认为，吞噬阿尔法地区的高层建筑和其他开发项目的外国投资对这座城市大有裨益，但不清楚是谁从中受益了。类似的说法支撑着房地产拆迁以及权贵阶层的社会倒退态度，他们认为穷人可有可无，并不是城市公民的一部分。他们常见观点是："我努力工作，为什么穷人可以免费住在这里？"当然，现实是大多数穷人也在非常努力地工作。

也许不太富裕的人的主要作用是"炒热"地皮，吸引资本投资。过去 10 年土地价格的大幅上涨促使许多社会住房供应商出售房屋，他们辩称，在其他地方提供社会住房仍是他们的使命。这种战略决策的一个副作用是，这些销售将使私人开发商受益，让那些在炙手可热的房地产市场寻找住房的人们彻底失望，火热的市场似乎只会让贫穷的工薪家庭对找房更加心灰意冷。

我们可以通过研究住房成本、住房供应、拥挤程度和房屋质量等问题来解决住房危机，但不能脱离市场顶端发生的事情以及市场管理者、策划者，去孤立地理解这些问题。房地产市场由地方和中央政府监管，而政府又受到既得利益集团的影响，这个既得利益集团包括开发商、银行家、律师、房地产经纪人和金融家，他们从建造和销售房屋中获利。

深入挖掘表面之下的差异，可以发现，这座城市西部的许多富人与城市东部和南部的社会租房者有更多的共同点。他们的处境都有一种失落和迷失方向感，因为在这座以财富和金钱为中心的城市中，他们并不觉得那么自在。这种感觉被称为住房异化，许多人现在被排除在可以活出自己人生意义的需求机会之外。

也许让大多数人都能产生共鸣的是，城市中反常现象和疏离感上升的一个标志是社会出租房和业主自用房在减少，在过去十年中，整个城市的社会出租房和业主自用房分别下降了8％和12％。现在，私人租房在城市最贫穷的地区占主导地位，而爱彼迎使许多房屋的居住用途和灵活的旅游用途形成了对立。我们已经看到，此事涉及把市政住房卖给现有租户，同时其又频繁地转手给私人房东。阿尔法城市的住房与居民需求脱节的另一个方面是，拥有住房的可能性在快速降低，这一点对于年轻人和工作不稳定的人来说尤其明显。私人租房行业存在非常现实的问题——住房状况差、房东强势、成本高昂，这使得住房所有权比以往任何时候都更具吸引力，而现实却显得有些虚幻。

到目前为止，为了不损害建筑商和房东的利润，政府只是向更富裕的买家"砸钱"，帮助他们购买新房（尽管这只是抬高了房价，提高了开发商的利润）。"购房帮助计划"已经花费了政府大约 120 亿英镑，主要是作为对富裕买家的补贴，在伦敦尤其如此。所有这些都意味着，真正的拯救之道不在于进一步放开市场，而在于规划真正能负担得起的住房，既可以是为业主提供的私人住房，也可以是可供出租的安全的公共住房。但是，当有利于既得利益集团的市场原则持续存在，这就不可能发生。然而，即使在这种情况中也存在着矛盾，因为资产阶级不同派别的利益并不一致，例如，为伦敦商业游说的团体支持建造更多的经济适用房，这样他们最终不必支付更高的工资；而开发商和房地产中介则强烈要求放松监管、降低房产税，以帮助房地产市场发展。

城市居民普遍感到与城市疏远的另一个关键因素来自正在形成的新的象征性环境：投资者购买数千套闲置公寓，象征着一个破碎的住房系统和一个日益不公平、近乎霍布斯①式的社会。在一个阿尔法城市中，要找到一个巴西亿万富翁来资助一个高高耸立的观景台，要比保留急需的社会住房容易得多。

在过去的 10 年里，城市发展部门的突出特征是坚持不懈地追求利润，而不是为城市提供更公平的社会遗产。但这当然只是私营部门在不受政府监管的情况下所做的事情，如果他们不这样想，就等于狐狸不会吃它带过河的鸡——狐狸并不坏，它只是天生的捕食者，永远都是。

确保新开发项目具有多样性的措施一直受到挑战。例如，在超级富裕的肯辛顿和切尔西区，2010 年至

---

① 译者注：托马斯·霍布斯（Thomas Hobbes，1588—1679），英国政治家、哲学家，他提出"自然状态"和国家起源说，指出国家是人们为了遵守"自然法"而订立契约所形成的，是一部人造的机器人。他反对君权神授，主张君主专制；他把罗马教皇比作魔王，把僧侣比作群鬼，但主张利用"国教"来管束人民，维护"秩序"。

2017 年开发商在 96 个计划中提供了 15％的社会租赁住房或经济适用房。所谓的可行性评估是一个明显的信号，表明向城市注入资金的方式阻碍了城市实现包容性的雄心。根据最高和最好的法则，许多开发商利用这些市场评估故意夸大利润损失，以便向规划当局表明，纳入经济适用房或其他社区贡献将使开发项目无利可图。许多开发商长期以来一直在玩这个游戏，但地方当局对这些可行性评估的监管松懈得令人难以置信。这种出资谈判的总体结果实际上是使城市的许多重建项目私有化。利用"节税"工具和复杂的规则，这些形式的投资被允许在没有社会贡献的情况下攫取价值。

维多利亚时代和爱德华时代的伦敦在基础设施方面完成了大量的投资，包括慈善住房、公园、泰晤士河堤岸、新的下水道和公共空间，这使整个城市受益。战后这座城市又出现了由公共机构协调策划的社会住房建设。如今的私人投资浪潮似乎只是在消解这座城市为所有人尤其是低收入者提供服务的作用。问题在于，在富人及其支持者对政策的后果视而不见时，如何才能公平地释放资源以应对危机。

在公共土地和公共机构被出售给私人开发商这件事上，可以看到城市中资本机器运作最严谨的逻辑。越来越多公共资源转化为新的房地产资产，这就是私人城市崛起的进一步证据。其中值得注意的是，位于肯辛顿地区的最后一家国营护理院的出售，它后来在切尔西被改造成了名为奥瑞恩斯（Auriens）的超豪华康养中心；还有玛丽女王医院（Queen Mary Hospital）地块被出售，未来将成为超高端开发项目汉普斯特德花园（Hampstead Gardens）。同样的过程也可以在巴茨广场（Barts Square）看到——在巴茨医院位于市中心的原址上，计划建造 236 套公寓、写字楼、零售店以及餐饮空间。如今，海量博客有着无数的例子，如法医般详细地描述了伦敦无数类似的改造案例，记录了零星的房屋、土地以及建筑物的销售对城市的"千刀万剐"。

这些过程往往被归咎于国家资源的缺乏，但同样明显的是，许多地方政府已经成为心甘情愿支持投机性投资活动的合作伙伴，而且这一角色现在被默许为当今更加精简、吝啬的城市政治中职责的一部分，在这个世界中，市场规则被理解为事物的本来面目。不管这个城市经历了繁荣还是萧条，从资本中获取的贡献都还不够。当人们挣点小钱、生活温饱的时候，几乎没人存储或投资那些真正需要的东西，至少在那时，人们可能会说，国际资本和超级富豪对这座城市来说，是多么美妙的恩惠。

阿尔法城市里的贫困政治

一个为捕获现金洪流而奔波的城市，不太可能把自己的使命定位为给低收入者提供便利。福利、教育或医疗保健的理念也不会显得那么重要。"最好"的心态也是一种"个人成功和财富由个人赢得"的概念，而不是可以分享或分割的东西。基于这类观点的政治同样将财富视为私人问题；事实上，它将公共资产视为增加财富的一种手段——表面上是为了创造一个更好的城市，而实际上是为了促进土地掠夺，其受益者通常是城市精英和匿名的海外投资者。

许多人的生活被暴露和被忽视的程度愈发惊人。低收入家庭搬到伯明翰比在伦敦东区租一套高租金公寓勉强度日要好得多。一个刑满释放的囚犯更有可能被塞尔福里奇售价 7 万英镑的可视电话监视，而不是得到缓刑服务机构的照顾。

在金融化的住房经济让这座社会城市燃烧起来之际，资本和富人的需求受到了质疑与关注。需要仔细审查和汇集各种素材以及观点，以了解这些进程的更深刻影响。但其结果是，这座城市表面上看似繁荣，却掩盖了深层的病态和对待不幸市民的无情。就像挤满人的通勤列车上头等车厢却几乎空无一人，受益的只有少数人，当然，也包括那些提供高价服务的人。

无法消除的不平等

伦敦越来越像巴黎，把穷人像货物一样运送到郊区和地区中心，引发了对社会清洗的指控。在穷人家庭等待被重新安置的同时，富人可能正在伦敦花费2亿英镑购买一套六居室的房子。

阿尔法城市的决策者并不打算为所有人规划未来的城市。他们的愿景是打造一个能够给它的支持者提供丰厚报酬的城市，一个资本的和为资本服务的城市。这种城市只有在不富裕的社区消失、普通居民的声音最终被摒弃的情况下才能繁荣。在这种背景下，贫困、排斥和绝望的根源被理解为有些人与城市的发展机遇脱节，或者被视为城市生活的必然特征——穷人和富人将永远共存。

在过去的10年中，许多依靠公共服务和支持的人随着政府开始削减开支，陷入了渴望和绝望之中。不计后果的政治精英所实施的削减开支措施将导致社会毁灭。这种对精英们视为下层阶级的人群的打击，涉及对低于标准生活条件的攻击，政府不再修缮那些脏乱差的生活环境而是选择拆除。所有资本主义城市都不可避免地产生不平等和空间分化，但这些问题只会因为公共领域的关键资产（城市、住房、卫生、教育、法律和治安）被掠夺而变得更加严重。

少数人与多数人之间的鸿沟继续被"橱柜里没有东西"的说法糊弄着。资本、企业、投资者和富人自身的巨额收益，凸显这种立场的巨大欺骗性。伦敦的富人和穷人在空间上彼此隔离，但他们在其他方面依旧保持联系。当然，他们住在同一个城市，但他们的公民权是不均衡的，而政治的仲裁不断地偏向资本和富人。

因此，我们需要理解，阿尔法城市是经济、社会和政治利益独特且强大的结合。它是资本主义全球经济中的资本主义城市，而货币、市场和金融的逻辑将这些尺度和力量联系在一起。如今，这座城市的地位与其在这个体系中的先锋地位息息相关，这个体系的逻辑和利益正助力富人攫取财富，它促成了一个低税率和企业自由的环境，无视各种形式的避税，降低关税和减少法规，使国家系统（特别是在城市和住房政策方面）为资本服务。伦敦被精英阶层理解，因为他们在这个全球资本主义经济中占据主导地位，并从中获得巨大的利益。但是，透过伦敦许多普通人的现实日常生活，我们可以体会到这种优势不过是幻觉，特别是在那些住宅、社区和街区，随着新一轮的拆除和迁移行动，房价已经高到穷人们只有被驱逐的份了。

政治领域和城市经济生活、豪华新景观所塑造的社会心理，已经被金融家和商界的论调鼓吹与粉饰。在此过程中，"服务于人类的需要"的经济生活的根本原理，在一片林立的新摩天大楼中消失得无影无踪。不管从哪个角度看，这座城市都是强大利益集团的汇合点，与基于秘密逻辑的政治体系紧密相连，旨在提高赢家的收益，同时尽可能低成本地维持输家的生活。从这个角度来看，城市就是扩大版的"无人机俱乐部"（伍德豪斯在许多小说中所描述的为年轻无业的富人服务的俱乐部①）：它没有生产力，对社区活力贡献甚微，仅对少数人开放，却让这些人过上了美好的生活。从前市长鲍里斯·约翰逊关于富人是税收英雄、吸引富人投资将带来大量好处（经济适用房、花园以及其他大而无当的东西）的论调，以及无视底

---

① 译者注：佩勒姆·格伦维尔·伍德豪斯（Pelham Grenville Wodehouse, 1881—1975），英国幽默大师，"无人机俱乐部"（Drones Club）是其小说中经常出现的虚构地点。

层工薪阶层贡献的夸夸其词，可窥见利益集团的野心。

应对城市现状问题的一种主张是：更开放的市场、自由港、更低的税收和更宽松的监管，以便投资能够流入并向下流动，从而造福那些在这个城市里饱受煎熬的人。然而，这简直是一种侮辱，因为证据表明一波又一波的放松管制主要有利于资本和掌握资本的人。伦敦出现的这种病态是过度发展、政治主导的金融部门的诅咒。这只看起来会下金蛋的鹅，实际上却严重消耗了城市的社会资源。这个诅咒可以用一个数字来形容，据估计，1995 年至 2015 年，对金融的痴迷让英国经济付出4.5 万亿英镑的代价。[①] 自由流动的高额金融和国际资本投资给市民带来了负担，比如提高住房成本，以满足金融经济中高薪工人和管理人员的需求和消费能力，当然，还有富人的。这一金融诅咒归根结底是人类经济活动正转向为富人创造价值，而对普罗大众贡献太少。然而，仍有许多人认为，这座城市并没有发挥出应有的作

---

① 安德鲁·贝克（A. Baker）、杰拉尔德·爱泼斯坦（G. Epstein）和胡安·蒙特西诺（J. Montecino），《英国的金融诅咒？成本与流程》（The UK's Finance Curse? Costs and Processes），谢菲尔德大学，2018 年。

用，因为它对投资还不够开放。在英国脱欧后，许多政治家和企业家已经表示，英国需要提供一个更亲商、更亲财富的环境，以确保未来经济的可行性。

在历史上，城市的利益和权利一直围绕着公民身份和国家提供服务的责任这一理念。国家、为生计而工作的人民以及中上阶层之间的契约的强大之处在于，如果不持续投资公共服务和基础设施，最终所有人都会受害——犯罪率上升、医疗和社会保障状况不佳、治安恶化、道路坑洼不平等。今天的情况就没这么简单了，日益排他化的城市兴起，为私人提供强有力的保护，却逃避公共领域萎缩或受损的后果。

担心国家医疗服务体系的医院？富人并不使用它们。担心犯罪？富人住在封闭的社区。担心公立学校的标准和安全？富人也不使用它们。在实践中，这种严重的不平等状况和由市场供应商提供的重要公共服务的分层使用导致了一种社会隔离，富人不觉得削减社会支持会影响自己的生活。社会投资作为进步社会的核心理念，却被阿尔法城市的空间、机构和系统所削弱。随着城市逐渐私有化，问题往往只影响穷人和中等收入群体。只要有钱，人们就可以享受各种各样的私人服务，包括封闭社区的安全俱乐部、私人医疗俱乐部、私人警察俱乐部以及私立学校，所有这些都是由强大而隐蔽的交通系统连接在一起的，避开了城市中穷人居住的阴影地带。

所有这一切都破坏了通常在公民权利和责任观念中所表达的契约。市场逻辑以及随之而来的紧缩措施，最终为日益宿命化的社会政治创造了条件。困难群体对自己的未来不抱希望。紧缩政策限制了许多地方政府、社会服务提供者、慈善机构、艺术组织和城市社区，并迫使他们顺从。在这种紧张的环境下，有人为富有的慈善家辩护，有时甚至会为其资金进行辩护，即使其资金来源可疑。与此同时，需要国家服务支持的人们却只能露宿街头、进入监狱或者逃往英格兰北部。

*

伦敦真的是本章所说的那种邪恶的富人乌托邦吗？有人对此回答：看，这座城市提供了如此大量的服务。伦敦的金融业提供了数十万就业岗位，是国家和全球经济的主要支柱产业之一。伦敦是一个充满活力的国际化大都市，为任何准备参与其中的人提供机会。伦敦是最好的、最令人兴奋的、高度多样化的、历史悠久的地方之一，可以容纳 800 多万人口，还有更多人想来到这个城市。对受过高等教育和家境殷实的人来说，这座城市确实是一个充满机遇、刺激、社会参与和多样性的地方。从豪车或议会大厦的咖啡馆确实可以窥见，伦敦是一个充满机遇、可能性的无所不有的地方。但这种认知伦敦的视角，是最有特权的精英阶层所居住的舒适空间赋予的。这样的世界观是美丽的地方和一群对周围世界的仁慈充满信心的人们构建的。

这种舒适的生活方式隐藏着另一个现实。在这个城市里，空间和社会以一种让富人的生活看似美好的方式交织在一起，而实际上，却对城市中的其他人施以暴力。这些"其他人"包括了四分之一的贫困人口，他们仍然存在，但已经"消失"了。他们躲在低档出租房里，在资金短缺的学校接受教育，面临房东的驱逐。对贫困人口来说，伦敦每一天都是一场噩梦，需要小心翼翼地度过，尽可能地缓解生存压力，并最终默默承受。这是城市生活中被忽视和抗拒的内核，富人和精英阶层永远不会看到，也永远不会理解。

8 过 度

十多年来，伦敦大都市越来越不讨人喜欢，它是建立在阶级傲慢、巨额资本和侥幸的金融霸权历史之上的。伦敦似乎凌驾于其他城市之上，但并非因为国家实力或军事力量。相反，它建立在阿尔法城市的全球资本主义经济中心地位及其主要受益者之上，不断扩大的财富精英群体因其财富拥有着巨大的影响力。伦敦大都市弥漫着咄咄逼人的自信和随处可见的自负感。作为世界上最富裕的富豪聚集地之一，这些特质造就了投资活动的大漩涡，也收获了随之而来的美好时光。然而，现实中伦敦大部分财富都是基于它在日益动荡的世界中为资

本和资本主义财富精英提供了安全港。然而城市是否伟
大，不能仅凭财富来衡量。

在为富人和资本建造城市的同时，城市社会生活
也出现了严重的危机，财富与贫困和排斥并存。唯利
是图的政治、经济以及房地产精英的选择和行动，是
造成这些结果的重要原因，他们认为财产和金钱高于
一切。阿尔法城市过去十年的收益不仅得益于历史和
文化的吸引力，也得益于为流动的富人投资者带来收
益的资产或地块附加值。在跻身富人首选城市的道路
上，伦敦显然已胜利，但它的成就最终看起来只是一
个幻想。

现代城市处在一个无须对社会秩序产生见解和认识
的地位，是一个上层社会无须关心的充满不平等的地
方。看似一切美好，以至于底层社会被轻易地遗忘。伦
敦吸引财富和富人的使命已经使它失去了对抗社会排斥
的作用。城市的精英阶层似乎对过量的个人财富过于放
任，而城市中的穷人甚至中产阶级却遭受着实实在在的
苦难。

我们应该如何解读这个城市，我们能否预测它的

未来？自 2016 年以来，伦敦的前景可能暂时变得更加黯淡。在无休止的英国脱欧讨论引发的不稳定中，天价的豪宅即便房价下跌也仍旧高不可攀。昂贵的公寓需要更长的时间才能售出，豪宅也略微降价以吸引买家。然而，这些降价只是唤醒了现金充裕的买家的兴趣——富人总是手握资金，等待合适的时机和合适的价格。

新一届国家政府上台之初就强调，过去的阿尔法十年很可能成为未来十年的发展典范。颂扬富人、低税率、隐秘和不受限制的资本已明确成为新一届政府执政的原则。英国脱欧的到来让人们对某种稳定感到如释重负。这种稳定感和向投资者发出的信号迅速恢复了人们对这座城市的兴趣，高端房地产市场销售重焕生机，精英房地产中介纷纷举杯欢庆。随着有关逃税和俄罗斯对保守党和大选影响的讨论被搁置，伦敦似乎又回到了正常状态。与此同时，伦敦政治和财富精英之间的勾结和互动表明，阿尔法城市令人厌恶的地方将成为未来长期的特征。有人担心伦敦必然成为低税收、低监管的城市，因为它置身一个以金融资本主义为支柱的经济体中，"泰晤士河上的新加坡"① 模式似乎正在愈发成形。房地产中介和开发商曾表示，房价下跌可能是城市开始衰退的征兆，但伦敦的"贝塔"状态似乎不会很快到来。尽管有一些市场泡沫的信号和对未来的焦虑，但阿尔法城市的政治和经济体系的基本结构仍然完好无损——它保留了全球金融中心的角色以及世界银行家的后殖民地位；在艰难的商业环境中，它为超级富豪提供或多或少的免税制度，将有助于确保其阿尔法城市的地位。

然而，这就是问题所在！伦敦的中心地位、基于金融和开放货币边界的增长规划，有助于保持其阿尔法地位，而"社会"城市和公共生活将继续衰落和挣扎。伦敦的区位优势使它能够留住长期富裕的居民以及来自海外的流动资金，并且对海外买家和投资者仍有巨大的吸引力。尽管政治危机和紧缩政策导致的毁灭感无处不

---

① 译者注：英国要建设"泰晤士河上的新加坡" (Singapore on Thames)，这一概念最早由特蕾莎·梅时期的财政大臣菲利普·哈蒙德在 2017 年提出，指的是英国将效仿新加坡，在脱欧后转变成低税率、监管放松的经济体，与"过度监管""高度僵化"的欧元区划清界限。

在，建筑师和精英阶层等财富的"帮凶"仍在持续添砖加瓦地建设这座为全球资本提供渠道，同时也是全球资本化身的城市。

如果说有什么忠诚感的话，那就是对钱的忠诚感！这是由资本和资本家所定义的民族主义，而不是依附于国家领土的。富人得到政治推手的支持，这些人越来越少地为国家行事，越来越多地考虑自己的退休，或者思索着如何从公共服务部门转去私有企业[①]。他们的每一个选择和每一步行动都是为了套现，而不是为了公共服务和共同的事业。

伦敦对富人意味着什么？富人的个人经历和动机虽千差万别，但对许多富人来说，伦敦在居住、消费和展示自己等很多方面都是最佳场所。许多人仍然认为伦敦是巩固社会地位的地方，同时也是帮助处理和扩大个人财富的中心。财富带来一种微妙而深刻的力量，它能够重塑城市的建筑景观，也能左右政治或道德的方向。在市场

---

① 埃隆·戴维斯（A. Davis），《鲁莽的机会主义者：建制末期的精英们》（*Reckless Opportunists: Elites at the End of the Establishment*），曼彻斯特大学出版社，2018 年。

和金融主导的叙事下，人们不再考虑其他，社会投资和创造更公平城市的措施已经被忽视。公平和社会福利被抛诸脑后，因为掌权者坚定地以为，金钱才是衡量成功的主要标准。

如何捍卫这样一个如此极不平等的城市？它是如何继续获得如此广泛支持的？这些支持甚至来自"不公平"的受害者？来自反对者的批评是如何被压制和淡化的？

要回答这些重要的问题，必须比市场的推动者和鼓吹者看得更远，想想这个城市的成功之源为何看起来更像个巨大的资本"水龙头"，因为如果城市想要受益，就应该保持水龙头的开放和畅通。无论左派和右派之间的分歧如何，他们都明白社会凝聚力正在被这股资本洪流冲走。但在市民和地方政客偶尔抱怨的背后，隐藏着一种更深层次、更激进的逻辑——金钱可以将一切事物捆在一起，金钱多多益善。

精英们明白，伦敦未来的经济活力将从根本上与全球资本流动联系在一起，无论它是合法的还是非法的。自诩为经济现实主义者的一派会坚持认为，不管喜欢与否，事实就是如此。寻求征税或干预投资将冒着拧断水龙头的风险。城市的推动者和被金钱驱使的帮凶都坚信，没有人会因关闭水龙头而受益。事实上，全球资本涌动只会选择性地"灌溉"：先灌满富人的碗，再溢出到金融和房地产经济人士，而不是惠及普罗大众。这也是当前伦敦依靠这两种主导产业的原因。

赖特·米尔斯（C. Wright Mills）在其经典著作《权力精英》（*The Power Elite*）中问道："小城市看向大城市，但大城市又看向哪里呢？"如今，原始经济实力最强的城市只能带着恐惧俯瞰小城市。大城市担心排名下滑，担心失去财富，所以只会为保持水龙头的畅通提出更多的理由。这种恐惧迫使城市领导人和权威人士像野蛮人一样，采用赢者通吃的策略，结果进一步导致了公共领域成了任人掠夺的地方。

但究竟是富人占领大城市，还是大城市试图诱捕富人呢？在很多方面，被一些人视为富人阶级的掠夺实际上是一种自愿的服从。这个水龙头本身就是由法律、政治团体、金融奇才、中介机构和不断变化的机会主义政治阶层共同打造的。它不仅仅是一套明确的规则、一部宪法或一项计划，更是由一些不言而喻的价值观和假设构成的为富人服务的模式。当然，有人会说，这就是资本主义，这就是资本主义在世界各地获胜城市中的体现。

当下阿尔法城的突出特点是富豪购买巨额资产，无论是画廊、博物馆、公共空间还是基础设施项目，还包括大型住宅、大公司以及足球俱乐部。由此形成的城市文化创造了一种必须与资本需求捆绑的独特心态。在这里，"城市诱捕"的理念是通过城市系统来实现的，而这个系统的目的就是引导、管理和吸引资金进入这个最安全的港湾。但是为了理解这个系统及其后果，我们需要进一步挖掘，也需要一些方法来营造宏观印象，让人们知道这个"东西"是如何组合在一起并发挥作用的。

更高阶层的人

富人只看到城市光鲜亮丽的地方——极端的财富带来狭隘的视野，使其无法看见社会后果。在过去的 10 年中，伦敦社会生活的衰落对于封闭在光亮世界中的阿尔法精英来说是不可见的，这个光亮的世界把其他一切都置于黑暗的背景中。跻身上层社会不仅可以获得财富和舒适感，还能掩盖城市内外的所有痛苦景象或声音。群众日益高涨的愤怒几乎无人理会，或者偶尔的小恩小惠就能将之消除。

阿尔法城是一个双面孔的城市，一方面是自由流动的财富，另一方面是贫穷、排斥、绝望和暴力。然而，至少从表面上看这两方面仍然与政治体制相联系，而这个政治体制本应调解资本的过剩行为和社会损失。相反，政治领域已成为富人影响城市的关键之一，并证实了赢家通吃、市场自由和开放竞争以确保核心社会资源的金科玉律。这种思潮现在被广泛地视为一种不言而喻的美好事物。有关资本和市场的理念不单单是叱咤风云的精英们强加的，它们已经开始占据和影响报纸的社论和评论版面，以及当权者和谋权者的思想。然而，显而易见的是，财富会流向最富有的人，经济萧条和焦虑令中产阶级痛苦，而一无所有的穷人则苦不堪言。

拥有权力的阶层敌视任何可能破坏城市经济基础的行为。他们的怒火和愤慨经常指向增加税收的建议、阻碍贸易条件的法规，以及不可避免提及的"社会主

富人的新街垒

义"这个粗俗的稻草人。他们经常把这个稻草人拉出
来，然后毁灭（在这个时候，人们经常会提到 20 世纪
70 年代）。这种过分单纯的态度将世界划分成两个部
分，一个是市场自由和资本无国界流动的乐土，另一
个则是试图从资本和富人手中攫取更多利益行为时遭
受的人性和机遇的黯淡桎梏。这些观念往往是强大的企
业利益集团和行动者通过政治献金，贿赂政客、规划师、
报纸专栏作家，以及赞助智库和报告等方式进行游说的
基础。他们还在背后不加审核地为富人投资者大开绿

灯、对洗钱视而不见、为亿万富翁准罪犯授予爵位、为投资者建造高楼大厦提供便利，以及为金融和投资部门提供低税率和低关税。总体而言，这是一种工业化水平的努力：一群制造舆论和影响舆论的人开始行动起来，试图误导任何可能抵制或颠覆占支配地位的经济叙事的东西。

这种对富人和产生富人的经济的政治支持，帮助富人巩固了十年来的财富积累。虽然紧接着的全球金融危机最初似乎威胁到了这些财富，但资本和政治迅速就把危机处理得有益于精英阶层了，这营造了一种"在经济前景不明之时，富人和外国投资将有助于提供资本"的思维倾向。经济发展的不确定性仍在继续，但认为是富人和海外投资者拯救了伦敦并保障了伦敦未来前景的观点也没改变。然而，这种表面救市的效益是非常偶然的，并且对于矫正后来十年的削减政策和缓解国家凋敝几乎没有任何作用。唯一的"成功"属于本书中不断出现的同一批受益者——律师、顾问、说客、智囊团、房地产经纪人、财富管理公司、企业老总和政治客，他们都是富人之中的后起之季。

一些政治建制派成员所犯的最大错误，就是把能否留住富人作为衡量这座城市是否成功的标准。如果金钱是衡量标准，那么伦敦就是世界上最好的城市。然而，这终究是一个空洞的命题。阿尔法城市就像一个人，认为丰厚的银行存款、漂亮衣服以及豪车不仅是成功的象征，更是成功的证明。这种歪理塑造了伦敦权贵的文化，他们只效忠于金钱，抛弃了施恩、利他主义或家长主义①等曾经支撑着富人和权贵的存在合理性的价值观。

2012 年，喜剧演员罗斯·诺布尔（Ross Noble）在碎片大厦顶部完成了一场猎狐游戏。这场超现实的追逐过去几年后，"阶级战争"（Class War）在碎片大厦楼下发起抗议，该组织建议占领伦敦市区最高的塔楼中未售出的空置住宅。这些豪宅大部分空无一人，与此同时格伦费尔大火的幸存者在悲剧发生多年后仍未得到安置，还有许多人无家可归。如果说富人造成这些可怕现

---

① 译者注：家长主义（paternalism），又称父爱主义，它来自拉丁语 pater，意指像父亲那样行事，或对待他人像家长对待孩子一样。家长主义是匈牙利经济学家亚诺什·科尔内（János Kornai）提出的理论，家长在这里指具有责任心和爱心的父亲或家长。

象同时出现，未免有些太粗鲁，但越来越清楚的是，财富让这座城市变成一个无情的、不断扩大的灾难区，对穷人甚至对中等收入的人来说都是如此。在拉拢富人的过程中，这些帮凶帮助创造了巨大的不平等，城市以两种速度运行，现金和富人享受绿灯，穷人和被排斥者不得不一直等待红灯。

新自由主义赋予了权势者权力——证明他们是一个与社会需求和社会责任脱节的流动阶层。有权人不是哪个地方的公民，而是公民观念的破坏者。他们与地方和社会的关系往往见于合同条款中，表现为与他人、公司、资本以及投资回报最高的地方的工具性联系，甚至他们在某些情况下直接购买公民权利。新自由主义的指令致力于市场和自由个人的理念。这些理念与城市富人的行为准则和生活方式完美融合在一起，他们脱离城市社会，利用自己的国籍或俱乐部和公司的会员资格，享受优惠的税收制度、优美的环境和强大的社交网络。所谓白手起家创造财富的谎言，只是强调了精英们的"飞翔"原则，他们在全球各地最具优势的地方停留，在这些地方有足够宽松的政策和足够优惠的税收制度。然而，正如米尔斯所指出的，如果没有在经济或社会上占据结构性地位，财富精英的关键成员最终什么都不是。若与他们周围的许多人比较才能，富人几乎没有什么内在特质来解释自己的成功与地位。

伦敦家境殷实已久，如今富人们变本加厉地掠夺和殖民其主要资源，而其他人则因房地产市场和公共服务不足而倍感压力。但有趣的是，不平等所导致的社会契约紧张也成为一些富人的担忧。就在几年前（2013 年），一位资深金融家在《金融时报》上发表了一篇专栏文章，表达对房价大幅上涨以及富裕的首都与贫困地区之间日益脱节的焦虑。文章的潜台词是：全球超级富豪阶层破坏了社会凝聚力，他们把富人对城市的需求置于社会弱势群体对城市的需求之上。包容性资本主义运动进一步强化了这种感觉。这些先锋行动看上去试图通过解决底层人民的糟糕状况，来恢复资本主义本身的合法性。看起来，特权阶层的这些新举措最终只是试图将大众的注意力从不平等的制度根源上移开。

滞富[1]

在阿尔法城市成百上千的新大楼、地下室、滨水建筑、封闭式庄园和新的豪宅区，昭示着一种比过去更加隐秘的财富。这是更典型的私人财富，它们产生于全球经济过剩时期而不是某个地方的经济奇迹，甚至更脱离了社会或国家贡献的感觉。尽管住在伦敦的富人热爱这座城市超过其他任何地方，但这可能是一种令人窒息的爱，因为它有可能会扼杀与伦敦有关的东西。金钱对伦敦有致命的影响，好像一种财阀的幽灵。有人认为旧金山或泽西岛等其他城市也类似，对资本的追求导致了其他经济生产部门的减少[2]。

当然，伦敦拥有最多的亿万富翁、最多的五星级酒店以及最大的金融业，也是离岸逃税和有组织犯罪资金

---

[1] 译者注：滞富（stagffluence）是一种经济停滞、物价上涨的情况，类似于滞胀（stagflation），但又涉及继承和不断扩大的不平等，对一些人来说是相对富裕，但对更多人来说似乎是终极停滞。

[2] 布鲁克·哈林顿（B. Harrington），《资本无国界：财富管理者和1%》（*Capital without Borders: Wealth Managers and the one Percent*），哈佛大学出版社，2016年。

的最大受益者之一。但在城市经济和上流社会的耀眼树冠之下却存在着巨大的社会问题，由于经济的政治性管理有利于城市的赢家，普通人获得的机会屈指可数，惩罚性福利制度和住房机会停滞不前，城市中普通人的生活受到了严重侵蚀。

右翼人士辩称这些结果虽然不幸，但与伦敦迎合富人并无关联：虽然为贫穷感到遗憾，但贫穷却始终存在，所以不应该利用增税的言论吓走自由资本投资者或富人，因为那样做之后还剩什么呢？有人可能会回答：留下一个更公平、创新、多样化的经济体，富人付出他们应付的代价。但事实并非如此。富人的帮凶认为，金融和房地产行业是城市和国家经济的主要支柱。所以不得不问一个尴尬的问题：这个经济支柱能惠及所有人吗？还是就像许多人认为的那样，只是一系列只为自己谋划、逃税避税的行业、从业者和精英们利用垄断地位和低税收制度发财的手段？

阿尔法城市的灵活性使其可以从全球经济中吸引到新一轮的赢家，不断开拓与突破，以实现存量的资本流动所带来的效益。然而，我们需要谨慎对待近期危机或资本外逃的言论，不能只看高端住宅的销售月报或是惊慌于多少富人或银行家可能外逃的恐慌性评估报告。无论房价和住房销量是涨是跌，富人都将受益，他们往往是造成房价暂时贬值的危机条件下的既得利益者。如果忽视那些狂热的评论，那么伦敦的本质和结构将更加清晰地展现出来：一个以土地、金融、租金和投资为基础的稳定经济，一座体现了全球资本主义力量的城市。除了城市的经济内核我们还需要了解这座城市的文化和社会是如何确保阿尔法地区永远是世界富人的中心地带——无论税收是否增加，富人都想在这里凌驾于他人之上。

这是一个奇怪的城市，它的富裕反直觉地造成了更广泛的社会萧条，我们可以称之为"滞富"。在金融和房地产行业的主导地位下，这座城市始终在建设。即使在需求下降的情况下，也有 541 栋新的高层公寓楼已规划或在建，高层公寓的"僵尸"市场依然存在，即使在不确定的经济条件下，建设速度也在加快①。尽管这些发展似乎预示着经济将全面启动，实际上潜在的问题

① 新伦敦建筑（New London Architecture），《伦敦高层建筑调查》（*London Tall Buildings Survey*），2019。

仍然没有得到解决——越来越多的富人、日渐衰弱的中产阶级，以及大量的失败者，他们的劳动和支出帮助填满了拥有这座城市的少数人的口袋。

在经济繁荣的十年间，富人和他们的投资很少能为更广阔的城市做出贡献和带去收益。发展带来的收益被软弱无力或沆瀣一气的中央政府和城市政府忽视了。由于缺乏金融化经济的竞争意愿，伦敦僵化的金融经济在经济发展和规划方面催生了一种"乞丐通吃"的方法，他们根深蒂固地认为吸引富人和海外投资是唯一可行的办法。展望不久的未来时，这样的办法更有可能被设定为促进城市经济的灵丹妙药。于是将继续为富人创建美好生活，而紧缩和不平等将继续蚕食大部分公民所需的核心服务，并加剧阶级间的紧张关系。

现在，即使是伦敦的中产阶级也感到沮丧和失望，因为他们发现那些人似乎只顾搜刮他人银行存款来补上自己的银行存款。人们开始意识到，金钱在无情地破坏家园、社区和绿地。然而，精灵已经从瓶子里出来了，为时已晚。

富人对城市的经济贡献不成比例的观点推动了对富

人的辩护。按照这种观点，出租车司机、室内装潢师、建筑商、房地产经纪人、画廊、银行职员和司机，如果没有富人的资助，都会破产。但是当你走过空荡荡的豪华建筑，或者看到社会住房、养老院和医院正被拆除为新建豪宅让路时，富人的贡献似乎就不那么稳固了。富人给予的比夺走的更多。因为使用而具有价值，因为更大的交换价值而被毁灭。

金钱不仅有腐化人民的力量，它也撕毁了城市不成文的使命宣言。今天伦敦的故事，它的阿尔法地位，其他国际大都市如温哥华、纽约、旧金山、巴黎、柏林、里斯本、阿姆斯特丹、新加坡、东京、香港、台北、墨尔本和悉尼，也在不同程度上经历着。城市一贯被认为是具有多样性的地方，不管他们拥有何种资源，所有居住在其中的人都应该享有同样的权利、服务和居住地。然而，随着市场机制渗透到日常生活的方方面面，公民身份的定义受到了威胁。金钱代表着一种权力形式，它有能力激励或摧毁那些被金钱诱惑或与之对抗的人。政客、房地产经纪人和金融从业者都直接地受到金钱的影响。但是这座城市和以之为家的人最终会

房租就是窃贼

得到什么呢？如果你很富有或者正在采取一种致富的策略，只要你是赢家，谁会在乎呢？

伦敦的阿尔法地位最终是一件喜忧参半的事情，其中也包括了金融的诅咒。因为就像那些天生拥有石油等自然资源的国家一样，高额的金融馈赠也带来了巨大的经济和社会成本。从这个意义上说，"最好"的地方对低收入的公民来说是充满敌意的，尽管富人仍然依赖这些地方。在小人物们"吱吱作响"或者干脆被这股过度的巨浪压垮之前，我们究竟还能走多远？虽然许多企业担心保障性住房的缺乏导致工人要求支付更高的工资，但是对于代表资本利益的其他部门，尤其是房地产机构、政客和从事金融业的核心工作人员，答案往往是"随他去吧"。

十年前，在阿尔法崛起之初，阿兰·德·博顿（Alain de Botton）在奈特·弗兰克（Knight Frank）的《2009 年世界财富报告》中提出了一个有些隐晦的警告。他引用了约翰·罗斯金（John Ruskin）的话，罗斯金强调了有必要赞美生活，而不是空虚地炫富。德·博顿巧妙地暗示，当一家精英房地产机构要求他讨论当今真正的财富意味着什么时，金钱和财产实际上不足以捕捉到对人类最有价值的东西。今天看来，这样的感慨其实颇为古板。

富人获得惊人收益部分归因于他们设计和构建的制度结构通过租金、低工资和其他有利于资本增值的宏观经济条件来促进价值提取。这些富人或许不是坏人，但对个人的评价完全忽略了更重要的点——造成如此大贫富差距的制度是有问题的，我们必须重新思考。作为制度的产物和制造者，城市也需要重新进行评估，虽然这种想法在城市和国民经济新一届的管理者中不太可能出现。

仁慈的亿万富翁是神话，特别是在伦敦这样的城市，富豪赞助人很少捐出他们的财富。艺术家南·戈尔丁（Nan Goldin）2019 年在维多利亚和阿尔伯特博物馆组织的"死亡之旅"活动也强调，慈善财富的来源常常值得怀疑。整个城市怎么可能依靠富人餐桌上的面包屑来解决社会问题呢？阿斯彭（Aspen）、达沃斯（Davos）、凯曼（Caiman）和马斯蒂克岛（Mustique）的男人们、女人们应该思考得更远，帮助重塑他们生活的体系，减少索取。一个城市的死亡，一个城市社会的真正破坏，是损失由多数人承担，是收益由少数人获取，是企业薪酬不受质疑，是富人队伍迅速壮大，是穷人队伍被一个与底层阶级对立的国家抛弃。实际上，这种社会残缺标志着国家、市场和企业未能为所有人提供足够的机会。

占领城市，占领世界

面对世界经济赢家的巨大财富时，伦敦的顺从并不令人惊讶。但他们的影响已经干扰了这座城市的经济、政治和社会，使其成为世界上最不平等的城市之一，创造出一片与其所在之地不一样的土地。金钱的力量可以在城市重建中看到，也可以在政策与企业精英近乎潜意识达成的一致中看到。更明显的是，主权财富基金购买了重要的房地产项目（如碎片大厦、海德公园一号、巴特西发电站、对讲机大楼、希思罗机场、金丝雀码头大楼、格罗夫纳广场等），随着对冲基金经理和俄罗斯富豪开始资助保守党、亿万富翁为脱欧运动提供资金，越来越多的资金涌入政界。

建筑环境变化规模的有关数据，媒体评论员、政治家和企业代表对城市未来的描述，都可以证明富人占领城市的过程，他们认为只有在能够吸引自由的仁慈资本的情况下，才能实现安全和经济活力。关于金钱的诱惑逻辑，城市地块的再开发和出售可以作证。例如，威斯敏斯特的规划委员会主席被曝接受开发商贿赂，然后通过了对之有利的一系列提案。许多城市管理者这样做似乎是符合个人利益以及他们追求的那些人的利益。这让人想起电影《鬼魂西行》（*The Ghost Goes West*）：一位年轻的苏格兰领主将祖传的城堡卖给了美国富豪，结果却发现城堡被一砖一瓦地运到了美国。威斯敏斯特的案件揭示了许多人的直观感受——富人和卷入富人领域的群体已结成了一个自私自利的联盟，他们对他们"殖民"的地区的日常生活和紧张局势漠不关心。

超级富豪对伦敦产生了炼金术般的影响。土地、砖块、混凝土和钢铁等原始资源被资本的力量激活、调动和赋予形式，重塑了这座城市。然而，富人不仅买下了伦敦的大片住房，他们的要求也已成为这座城市文化和政治的关键元素，从而导致医疗、治安、住房和教育预算缩水。阿尔法城市无疑是世界上最富有的城市之一，但显然没有足够的资源为最需要的人提供必要的公共服务。然而，认为富人对伦敦的命运至关重要的观念，在政策和民粹主义叙事中难以动摇。现任市长萨迪克·汗（Sadiq Khan）走了一条令人不安的道路，他似乎对空置房、二套房和投资性住房感到担忧，同时又声称富人多年来为这座城市做出了"巨大贡献"[①]。

在这个日益物质化的社会里，富人的生活方式被大众所效仿。最近，斯隆街新开了一家名为"亿万富翁"（Billionaire）的商店。在那里一群衣着考究、发型精致的员工会为那些想成为富翁的孩子提供服务。至于是否真的有亿万富翁在那里购物就是另一个问题了，但它反映了如今这座城市生活的更广阔的一面。观察和模仿富人已经成为社会文化生活的一部分。许多人似乎想成为现实中"诅咒"的一部分，就像约翰·兰彻斯特（John Lanchester）的小说《资本》（Capital）中反复出现的那句话——"我们想要你拥有的一切"。矛盾之处在于，我们既可以把这句话解读为大众的嫉妒之歌，也可以把

---

① 《泰晤士报》，2019年5月11日。

它解读为富人本身的占有欲望——我们想要你们所拥有的一切，我们将从你们那里夺走我们能夺走的一切。

从财富的意识形态胜利和市场固有的善良观念中，我们得出一个更广泛的观点：公共产品已被污名化为低效、低质量或无能。金融危机和紧缩政策都使得"必须捍卫市场体系，它是唯一的拯救办法"的观点根深蒂固。结果是，全球的每一座竞争城市都在持续争夺自由资本，尤其是纽约、法兰克福、巴黎和都柏林这样的贝塔城市。

这座城市的唯一一份专门报纸、所有主要足球俱乐部和许多标志性建筑，都归居住在此的亿万富翁、主权财富基金和外国投资者所有（其中许多人利用海外空壳公司来隐藏自己的所有权），我们是如何做到这一点的呢？伴随着这种金钱力量的不断凝聚和扩大，在这座城市里，上百个公共住宅小区、众多看护中心、大片的公共土地和其他社会资产几乎未经公众讨论，最终也没有受到什么阻力，就被转移到资本手中。

阿尔法城市上议院议员被指控收受亿万富翁的贿赂，公共机构被迫接受有污点的慈善资金，公共空间不向街上所有人开放。尽管伦敦的财富管理系统在全球是无与伦比的，但它却隶属于不是最大也是最大之一的逃税生态系统。水平的销售税和每年的物业服务费使得富人买家可以让房子空置，却不会受到任何有意义的惩罚。肯·格里芬①在纽约的公寓每年要缴纳 28 万美元的房产税，而他在伦敦的两处房产，每处价值约 1 亿英镑，合计每年的市政税仅为 2842 英镑②。纽约太远，伦敦在 2019 年引入了年度"豪宅税"，这似乎削弱了工党在 2014 年大选中的雄心，表明它有可能赢得公共投资的辩论。伦敦的规划让数千个开发项目得以实施而不用提供普通人负担得起的住房，更不用说公共住房了（这类房产开发商、对冲基金经理和企业巨头都曾为前市长鲍里斯·约翰逊的保守党领袖竞选提供资金支持）。伦敦 10％的规划者和不到 1％的建筑师现在

① 译者注：肯·格里芬（Ken Griffin），对冲基金界最年轻的基金经理。不仅一手创建了美国城堡投资集团（Citadel Investment Group），而且将其打造成为全球最大且最成功的对冲基金之一。2019 年福布斯全球亿万富豪榜排名第 117 位，财富 117 亿美元。
② 西蒙·詹金斯（S. Jenkins），《为什么伦敦豪宅的税收只是纽约的一小部分？》（"Why is the Tax on a London Mansion a Tiny Fraction of that in New York?"），《卫报》，2019 年 2 月 8 日。

就职于公共部门，其余在地方当局工作；在过去的十年里，大部分的公共资金被剥夺，地方政府被迫以低于市场的价格出售建筑物和土地给私人开发商。

历史上的贵族精英逐渐被更富有、更贪婪的阶级所取代，他们以逃脱公共领域的崩溃的能力来衡量个人成功，而这种崩溃却是他们一手造成的。关注一个伟大城市的社会财富和长期活力是有道理的。传统的富裕阶层和中产阶级对城市的态度是参与和责任，因为他们意识到自己的难以逃离这样一座拼凑得如此紧密的城市。因此，我们得出了关键点，也是这座城市的核心所在，我们想问的任何问题的答案都是钱。金钱是政治利益集团对海外置业和犯罪购房视而不见的原因，无论其来源是多么的阴暗。钱是公共住房以"可负担得起"的名义被拆除的原因。金钱让人们认为中产化是一件好事，而穷人则被认为更适合居住在远离人们视线的别处。钱是保持低税收和宽松监管的核心。如果想了解泰晤士河畔500 多座新建的"僵尸"高楼，钱能说明一切。

这种以理性为主导的城市就像一个消极的甜甜圈，财富和高层住宅位于城市核心，越往郊区转移，城市物质空间越衰退，贫困人口也越来越多。这座城市已经成为机会和财富的分拣机——富人进一个门，穷人则从一扇为之量身定制的门出去。数以百万计的此类门户根据银行余额大小对公民进行排序、组织和分类，而公民身份、居住地和社会贡献则统统被忽略。

这本书的核心观点是超级富豪只是冰山一角，他们更深层次、潜移默化的影响是通过一群自私自利且成功的帮凶发挥作用的。金融、房地产、政治和经济领域都可以找到代表资本和资本家的关键代理人。重要的是，这些代理人都是高度城市化的群体，更确切地说是以伦敦为中心的群体。这种新出现的复杂利益、参与者和激励机制的组合要比在公立学校操场上形成的统治阶级观念更为复杂。支持资本的城市管理者和运营者来自老牌富人、新贵以及穷人，但是他们共同的身份特征源于他们与市场和经济原则的一致，这些原则来自商学院、董事会以及不断变化的投机资本主义形式。近年来，这种资本主义形式引入了许多新的参与者。

隐蔽的住宅、装有隐私玻璃的汽车、高高的大门、高墙和服务人员创造了一个个难以窥视的特权飞地。不透明的离岸系统和无法追踪的财产所有者促进了价值榨取系统，养活了富人，侵占了伦敦的核心社会资源。然而，这种隐私和封闭似乎越来越脆弱。如今，对阿尔法城市运作的洞察力更加强大，我们生活在一个对富人有新的学术研究，有维基解密、社交媒体报道、植根于纪实新闻的娱乐节目（如电视剧"黑道无边"）以及税收司法网络和透明国际的频繁报告的世界。

来自贫困生活第一线的见解有可能向社会提供信息并恢复良知，而关于上层生活的报道则有可能分裂和破坏良知。

富裕城市的贫困

人们用各种各样的名字来暗示伦敦被富人接管，无论是"泰晤士河上的新加坡"（有时是香港或莫斯科）、"对冲之城" "伦敦格勒"①，还是约翰逊市长时期的

---

① 译者注："伦敦格勒"一词出现于马克·霍林斯沃思（M. Hollingsworth）和斯图尔特·兰斯利（S. Lansley）合著的《伦敦格勒：钱从俄罗斯来》（*Londongrad：From Russia with Cash*），该书披露了关于俄罗斯金钱对英国影响的调查。

"愚蠢之城"①。然而，在很多方面，伦敦是属于它自己的地方，是历史、经济、文化、人民和政治的独特融合。五十多年前，流亡社会评论员乔治·米凯什（G. Mikes）评论说，伦敦是个"混沌的混合体"，这种不经意的观察在今天仍然有一定的道理。这座城市是一台高度组织化的机器，它是由伦敦和世界其他地区政治和经济生活混乱、不确定和摇摆不定的流动建立起来的。它已准备好从全球经济包括其自身中积累和攫取价值了。

　　尽管存在明显的危急时刻——从 2008 年的金融危机（其代价仍无法计算）到英国脱欧，伦敦这台机器乘着全球和地区混乱的浪潮，利用现金充裕的买家和投资者，仍在高效运转。事实上，反复出现的危机只会创造新的势头，即便是现在，对豪宅房价下跌的担忧已经为手头充裕的各国富豪买家新一轮的购买铺平了道路。

　　在这些情况下，辛劳的穷人仍然被排除在经济衰退

---

① 道格·墨菲（D. Murphy），《愚蠢之城：鲍里斯·约翰逊的蠢事》（*Nincompoopolis: The Follies of Boris Johnson*），中继器图书，2017年。

之外，或者受到浪潮的损害。这重述了第五章曾提到的"阿尔法城市的房屋和街道产生了某种道德氛围，就像一种社会鸦片——它们是遗忘之地，容许富人和城市精英忘记失败者和被排斥者"。城市的结构变成了一个屏幕，虚假的现实投射在上面，只是为了安抚富人及其门徒的良心。仿佛当富人完全生活在屏障、门禁和高门之后，就没有必要觉得有义务帮助那些看不见的人。

阿尔法城市塑造了阿尔法精英的独特心理。当然，把富人视为价值掠夺者，而不是繁荣的创造者，这似乎有些离谱了。但是，如果考虑到国际投资链的设计恰恰是为了将获取的收益转移到海外，或者自由的业主为了获得资本回报或者隐匿非法资金而空置房屋，富人是价值掠夺者的观点就更站住脚了。2019年，在英国脱欧的最后阶段，欧盟要求英国不要对洗钱行为视而不见，并以此作为英国脱欧后对未来的支持手段。就在本书出版之时，随着减税、放松金融管制以及为英格兰北部设立艺术品和珍宝免税区等建议的提出，这一结果几成定局。与此同时，较低的汇率和全球富人财富的持续增长已开始再次推动伦敦的房屋销售。

阿尔法地位的影响形成了许多缓慢燃烧的前线，一步步吞噬着工作的城市。其中更有害的影响是，城市贫困群体和贫困地区正在逐渐坏死。过去几年，分析师认为不平等造成了共同的问题。这种共同存在的问题（实际上也是现实）有助于激励改革，因为一个人如果不想暴露在糟糕的公共领域、公共暴力风险或基本服务缩减的环境中，那么公共投资的理由就显而易见了。

现在这些关系和责任已经变得模糊不清，采取行动的动机也减弱了。这是因为，惊人的财富，再加上技术驱动的流动性，以及居住、工作和休闲的安全节点，让富人能够绕过退化的公共领域，而他们的私人资源创造了一个能够匹敌并超越政府提供的任何东西的世界。在极端情况下，碎片大厦、兰卡斯特宫（The Lancasters）、大宅（The Mansion）或奇尔特恩大厦（The Chilterns）等按照私人安保俱乐部的原则建造的堡垒空间，能够使富人在城市中隐身。

资本提供了无数计划，让这种逃避现实的方案得以实践和磨炼。所有这些都构成了赢家退出策略：一旦人有足够的钱，就可以抛弃社交世界。

　　如果城市再次熔化，住在塔楼里或者城门后的富人将不会看到火焰，也不会听到警报声。一座为精英阶层而建的城市有助于消除某些政治行动或干预的前景。尽管人们对不平等的回报感到愤怒，但很少有人意识到严重的政治挑战正在等待着他们。尽管联合国的报告表明，政治阶层对穷人和弱势群体表现出了真正的冷漠，但这一群体却对此置之不理。

　　再次重申：地点很重要，它汇集了一系列复杂的力量和因素，几乎令人着迷。富人聚集在这个城市的阿尔法地区，并不仅仅是一种共同存在，它为网络发展创造了潜力，从而创造了共同的文化和利益。财富披上意识形态的形式，既能模糊许多人，也能将许多人带入资本积累的逻辑中。财富的拥有者们对资本扩张有着共同的兴趣，并都致力于实现资本的再生产，同时也将反对资本的声音压制在政党的破坏者或嫉妒的旁观者的位置之上。在与资本需求如此密切相关的环境中，即使是关于公共住房或累进税率的温和主张，也会被呵斥为狗屁不通或受虐狂，受到歇斯底里的抨击。

　　或许真正的问题在于，在激活资本及富人的主导地位时，城市未能将社会主体整合到共享空间并达成令其从中受益的共识。人们很少认同共同的价值观，对个人欲望几乎没有控制，也没有道德指南针指导企业或政治生活。这是伦敦以及其他富裕城市中生活贫困的另一个负面特征。空间变得非常重要，因为阿尔法环境通过封闭社区和堡垒式的公寓街区切断了同情心和社会联系，这些社区和公寓楼仿佛使得富人处于困境中，而不是与其他公民共存。

　　资本占领伦敦的最终影响类似于不断转动的棘轮，每一次转动都会进一步加剧公民、合同、服务和设施的私有化，无法回头。如何才能将这种逻辑的束缚与正慢慢被它扼杀的公共城市分离？城市中的各种资源如游泳池、图书馆、住房、教育甚至治安，越是由私人提供，它们的使用就越依赖于支付能力。在一个极度不平等的社会中，这种情况对靠低收入苦苦挣扎的人来说简直是灾难，对公民城市来说也是灾难，是对构成城市生活的基本要素的否定。在这样的不平等中，面对无动于衷又胆大妄为的政治精英，一个充满社会活力、包容和人性

太阳升起还是落下？

的地方如何才能维持下去？在这个由贵金属和大理石建造的未来中，在私人飞机和源源不断的金钱的推动下，无家可归者和低收入者该何去何从？金钱会毁灭城市。

即使在伦敦长期富裕的中心地带，也有明显的愤怒情绪以各种形式蔓延到城市内外。它的目标包括不平等、像样的住房的匮乏、恶劣的出租房条件、食品银行的兴起，以及对金融危机引发的大量针对穷人的行为问责的缺失。人们普遍认为，社会不公正在加深，而性别、阶级收入差距、不平等的医疗和教育、日益增多的街头暴力、银行家奖金丑闻曝光、逃税和政治腐败，以及有利于富人的决策计划，都加剧了这种不公平。过度消费、缺乏监管、"双标"、门禁、空置房屋以及与城市生活相关的房地产中介引发了越来越多的愤怒。就连许多支持资本主义的人也反对伦敦正在发生的一切，因为他们认识到了任人唯亲、贿赂、对不正当手段视而不见以及资本聚集带来的利益不公平分配的负面影响。

我们要问这座城市究竟是为谁而建，它是如何运行的，也要问普通中产阶级和低收入市民在这个城市究竟处在什么位置。他们感到过时、落后和流离失所，他们对变化的速度和规模感到不安。他们被推到了城市新的机构、地理和金融中心的边缘。每一座建筑、资产、公共资源和设施上都被挂上价格的标签，这可能就是这座城市的未来。这可以被称为"死城"模式，因为在这种模式中，公共城市、市民和社区的需求，或那些不能被赋予金钱价值的需求，最终都没有立足之地，也得不到认可。衡量城市活力的唯一标准是现金积累的速度。

伦敦可能不会是明日的阿尔法城市，可能不会是超高净值人士、房地产富翁或者收入超过百万的首席执行官最多的家园。这是否会成为这座城市的损失，目前尚无定论。或许更具有挑战性的问题是，超级富豪是否能为这座城市带来可持续发展。即便如此，伦敦仍将保持其作为国际全球资本主义体系中流砥柱的地位，如果不加改变，这个体系将继续产生巨大的不平等回报。新的赢家将不断涌现，他们将在这座拥有豪华的联排别墅、绿树成荫的郊区和充满活力的社交网络的安全城市中，为自己和资本寻求庇护。然而，正如富人所知，持续的卓越地位从来不是持续稳固的，在全球资本主义经济的另一个阶段，或许另一个大都市将成为阿尔法城市。

后　记

　　伦敦是围绕财富建立起来的无形帝国跳动的心脏。这个帝国架起了各国之间的桥梁，但也架起了隐藏的利益和离岸金融机构之间的桥梁，这些利益和机构使得财富得以扩大，尤其是通过资本回流到全球城市等级体系的节点城市中心，伦敦就位于这个全球城市等级体系的顶端。阿尔法城市是注定要在这种复杂的利益、制度和不断变化的权力安排中出现的城市。这本书以一种印象主义的视角，描绘了一个城市及其日益被全球众多富人殖民的景象。但是，研究伦敦的富人是谁以及他们是如何在这座城市生活的，需要一个批判性的视角，从这个视角我们不仅可以开始理解这座城市是如何"运作"
的，还可以理解它是为谁和什么而运作的。这种分析的
一个关键对象就是那种城市中十分明显的放任主义和
"拥抱富人"的思想——它们使得城市经济产生了严重
的功能失调和分裂。即便如此，许多超级富豪精英仍乐
此不疲地攫取他们所能攫取的一切，并摧毁可能将他们
与他们所依赖的更广泛的城市联系起来的社会桥梁。

富人扼杀了为吸引他们而建造的城市。无论是他
们的工厂或企业，还是他们由建筑商完成的房屋，都
是在那些"肮脏"的工作完成之后，他们才来到了这
里。他们是寄生的非贡献者。他们一桶桶的现金为政治
机器提供了养料，渴求着在一个青睐地主、赢家、赌徒
和继承者，而非那些制造者、实干家、关怀者和支持者
的经济中轻松赚钱。现金驱动着金融和房地产经济的发
展，但这种经济的附加值很低，甚至还会吸走其他地方
的。富人扭曲和破坏了城市属于所有市民的根本意义。
这些显而易见的事实总是被否认，或者被重新加工成一
个更私人化、更有选择性的关于属于谁和属于什么的问
题。这样的评价会让你要么点头，要么怒不可遏，这取

决于你的个人政治立场。

政治和金融精英们对这座城市的穷人和边缘化群体漠不关心。他们通常将这些被抛弃的群体视为非参与者，而不认为这是当下崇尚金融、忽视社会包容的经济管理方式带来的结果。以为借公益事业的名义往桌子上扔几块面包屑，就能解决产生贫困和暴力的结构性问题的想法存在巨大问题。今天的许多富人确实也关心社会正义和再分配的理念，尤其是如果不采取措施缓和最严重的过度行为的话，会令他们的受益制度面临风险。只有政府才有能力提供公平的竞争环境和累进税法。但在这里，国家、城市和地方政府经常表现出偏袒资本和制度受益者的意愿，在某些情况下这些被偏袒的人也包括他们自己。

富人本身在世界各地的分布并不均匀；只有在那些能够为他们提供维护其安全、隐私和社会地位所需的支持系统的城市中心，才能找到大量富人。在这些中心，富人居住在一个独特的地理环境中。那些能够将这些特征与历史、文化和开放的社会完美结合的城市，会赢得富人更多的青睐。其效果是宣布这座城市对商业开放、鼓励"纳税英雄",并找到一系列吸引富人和他们的钱的方法。那些本不应该标价的东西，如看护中心、医院、图书馆、运动场、体育中心甚至公共住宅，都神奇地变成了待价而沽的商品。这赋予了富人巨大的权力；并不是亿万富翁直接向政党提出了要求（尽管这种情况似乎确实发生过），而是这些政党或多或少下意识地猜测到了富人的需求，并做出了相应的反应。

那些拥有经济和政治权力的人会继续捍卫以房地产和金融为基础的经济，将其视为提高生活水平和声誉的神奇机器。然而，由此产生的赢家和弱势输家的体系引发了一个大问题：这座城市是为谁服务的，又是为谁的利益服务的。最终，金钱占领城市与其说是被设计的或暗中实施了什么计划（尽管这些毫无疑问也是存在的！），不如说是通过市场逻辑产生了一种特定的心理或存在方式。在这种心理和存在方式中，金钱、金钱能买到的东西、金钱以某种方式所能做的事情，变得如此自然，仿佛本身就是一种好东西，以至于变得无声无息。游戏规则、扭曲的城市机器及其资本资源，就这样嵌入了城市的精神生活——这成了一种无法被观察或理解的东西，因为在某种程度上它是城市看不见的结构。这座阿尔法城市的居民已经慢慢地被新的购物商场、咖啡馆和宏伟的高楼所带来的极致诱惑所吸引。毫无戒心的市民似乎对这个闪闪发光的大都市充满敬畏，但实际上，这象征着他们正被一个为少数人打造的异化和社会分化的经济体所奴役。

参考文献

以下是每章分析所依据的精选文献，包括普通读者可免费获取的期刊文章。

1 资本之城

Dorling, D., *Inequality and the 1%*, Verso, 2019.

Forrest, R., Koh, S. and Wissink, B. (eds.), *Cities and the Super - Rich*, Palgrave Macmillan, 2017.

Hall, S., *Global Finance*, Sage, 2018.

Hay, I. and Beaverstock, J. (eds.), *Handbook on Wealth and the Super - Rich*, Edward Elgar, 2016.

Lanchester, J., *Capital*, Faber and Faber, 2012.

Luyendijk, J., *Swimming With Sharks : Inside the World of the Bankers*, Faber and Faber, 2015.

Wright Mills, C., *The Power Elite*, Oxford University Press, 1956.

2 权力的群岛

Di Muzio, T., *The 1% and the Rest of Us : A Political Economy of Dominant Ownership*, Zed Books, 2015.

Hay, I. and Muller, S., ' "That Tiny, Stratospheric Apex That Owns Most of the World": Exploring Geographies of the Super – Rich ', *Geographical Research* 1, 2012, pp. 75 – 88.

Norfield, T., *The City : London and the Global Power of Finance*, Verso, 2016.

Piketty, T., *Capital and Ideology*, Harvard, 2020.

Sampson, A., *Who Runs This Place ? The Anatomy of Britain in the 21st century*, John

Murray, 2004.

Savage, M. and Williams, K. (eds.), *Remembering Elites*, Blackwell, 2008.

Scott, J., *The Upper Classes : Property and Privilege in Britain*, Macmillan, 1982.

Scott, J., *Who Rules Britain ?* Cambridge: Polity, 1991.

Thorold, P., *The London Rich : The Creation of a Great City*, St. Martin's Press, 1999.

Westergaard, J. and Resler, H., *Class in a Capitalist Society*, Penguin, 1975.

3 容纳财富

Atkinson, R., Parker, S. and Burrows, R., 'Elite Formation, Power and Space in Contemporary London', *Theory, Culture & Society* 5 – 6, 2017, pp. 179 – 200.

Burrows, R. and Knowles, C., 'The "HAVES" and the "HAVE YACHTS": Super – Rich Struggles in London Between the "Merely Wealthy" and the "Super – Rich"', *Public Culture* 1, 2019, pp. 72 – 87.

Burrows, R., Webber, R. and Atkinson, R., 'Welcome to "Pikettyville"? Mapping London's Alpha Territories', *The Sociological Review* 2, 2017, pp. 184 - 201.

Mordaunt Crook, J., *The Rise of the Nouveaux Riches*, John Murray, 1999.

Webber, R. and Burrows, R., 'Life in an Alpha Territory: Discontinuity and Conflict in an Elite London "Village"', *Urban Studies* 15, 2016, pp. 3139 - 3154.

White, J., *London in the Twentieth Century*, Vintage, 2001.

4 犯罪，资本

Bullough, O., *Moneyland : Why Thieves and Crooks Now Rule the World and How to Take It Back*, Profile Books, 2018.

Harrington, B., *Capital Without Borders : Wealth Managers and the One Percent*, Harvard University Press, 2016.

McKenzie, R. and Atkinson, R., ' Anchoring Capital in Place: The Grounded Impact of International Wealth Chains on Housing Markets in London', *Urban Studies*, 2019.

Platt, S., *Criminal Capital : How the Finance Industry Facilitates Crime*, Palgrave, 2015.

Shaxson, N., *Treasure Islands : Tax Havens and the Men Who Stole the World*, Bodley Head, 2011.

5 汽车、飞机和奢华游艇

Atkinson, R., ' Limited Exposure: Social Concealment, Mobility and Engagement with Public Space by the Super – Rich in London', *Environment and Planning A* 7, 2016, pp. 1302 – 1317.

Birtchnell, T. and Caletrío, J. (eds.), *Elite Mobilities*, Routledge, 2013.

Knowles, C., ' Walking Plutocratic London: Exploring Erotic, Phantasmagoric Mayfair ', *Social Semiotics* 3, 2017, pp. 299 – 309.

6 私人堡垒

Atkinson, R. and Blandy, S., *Domestic Fortress : Fear and the New Home Front*, Manchester University Press, 2017.

Harding, L., *A Very Expensive Poison : The Definitive Story of the Murder of Litvinenko and Russia's War with the West*, Guardian Faber, 2016.

Hollingsworth, M. and Lansley, S., *Londongrad : From Russia with Cash - The Inside Story of the Oligarchs*, HarperCollins, 2010.

Schimpfossl, E., *Rich Russians : From Oligarchs to Bourgeoisie*, Oxford University Press, 2018.

Shrubsole, G., *Who Owns England ? How We Lost Our Green and Pleasant Land, and How to Take It Back*, HarperCollins, 2019.

7 底层生活

Lees, L. and Ferreri, M., 'Resisting Gentrification on

its Final Frontiers: Learning From the Heygate Estate in London (1974—2013) ', *Cities* 57, 2016, pp. 14 - 24.

Minton, A., *Big Capital : Who is London For ?* Penguin, 2017.

Watt, P., *Estate Regeneration and its Discontents : Public Housing , Place and Inequality in London* , Policy Press, 2020.

8 过度

Atkinson, R., Burrows, R., Glucksberg, L., Ho, H. K., Knowles, C. and Rhodes, D., 'Minimum City? The Deeper Impacts of the "Super - Rich" on Urban Life', in R. Forrest, S. Koh and B. Wissink (eds.), *Cities and the Super - Rich* , Palgrave Macmillan, 2017.

Davis, A., *Reckless Opportunists : Elites at the End of the Establishment* , Manchester University Press, 2018.

Freeland, C., *Plutocrats : The Rise of the New Global Super - Rich* , Penguin, 2013.

Murphy, D., *Nincompoopolis: The Follies of Boris Johnson*, Repeater Books, 2017.

Sayer, A., *Why We Can't Afford the Rich*, Policy Press, 2015.

Shaxson, N., *The Finance Curse*, Bodley Head, 2018. Streeck, W., *How Will Capitalism End?* Verso, 2017.